ABC

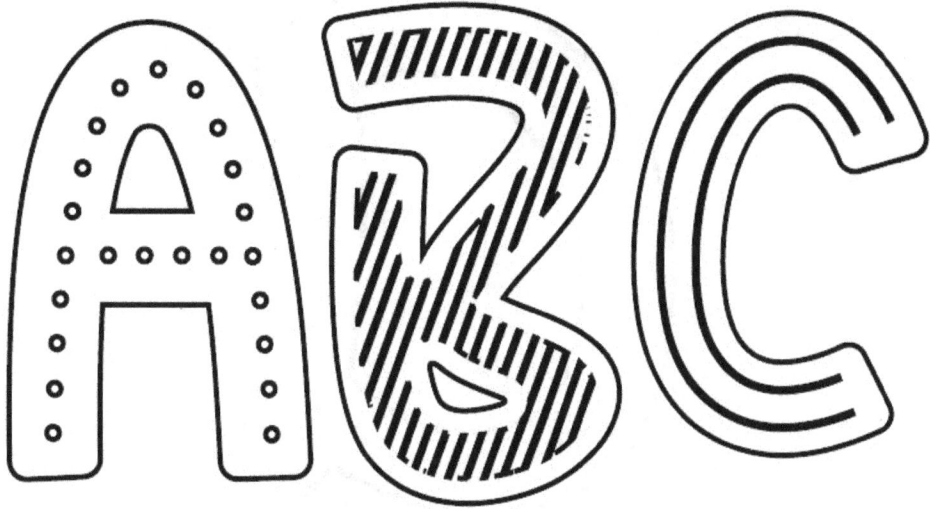

THIS BOOK BELONGS TO:

_____

Lowercase

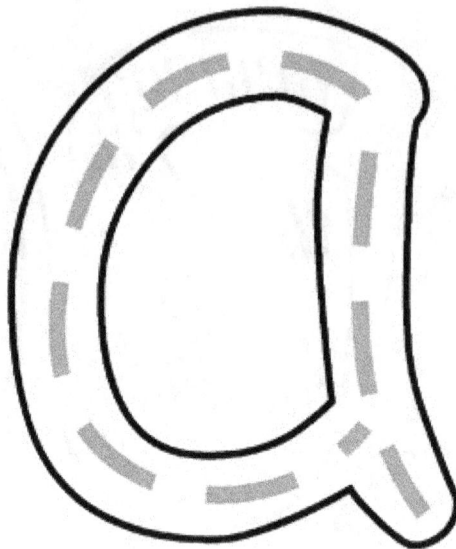

a

→ a a a a a a

→ a a a a a a

→ a a a a a a

→ a a a a a a

BY:_____

Uppercase

A is for Aardvark

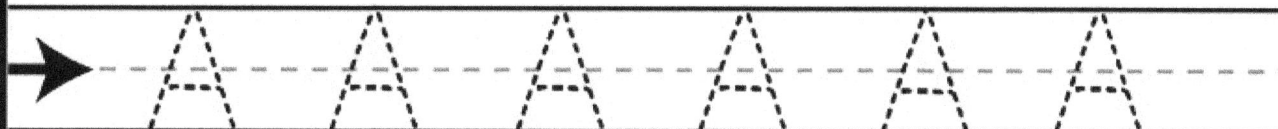

→ A A A A A A

→ A A A A A A

→ A A A A A A

→ A A A A A A

Lowercase

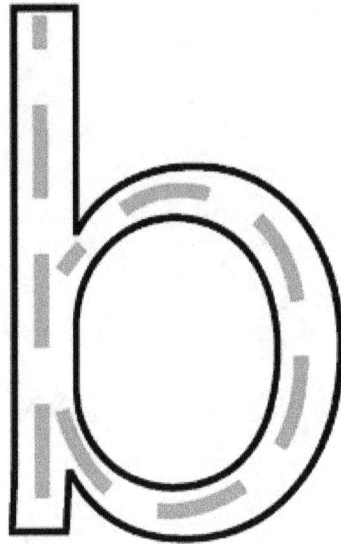

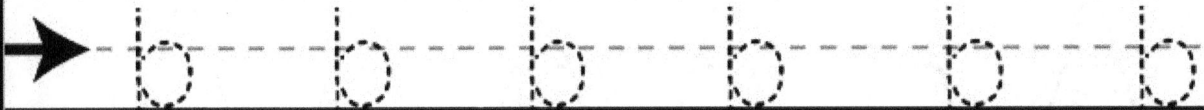

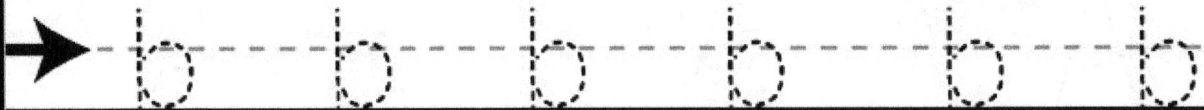

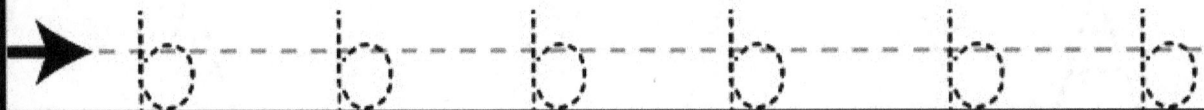

BY:_____

Uppercase

B is for Babirusa

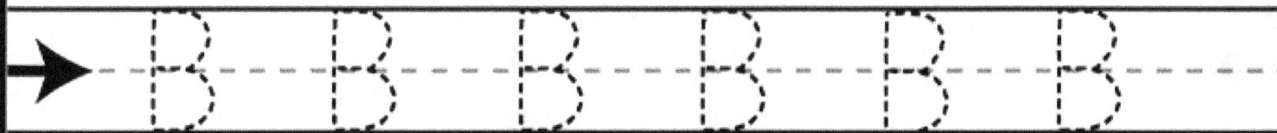

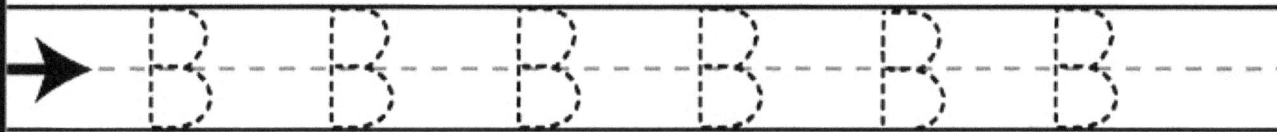

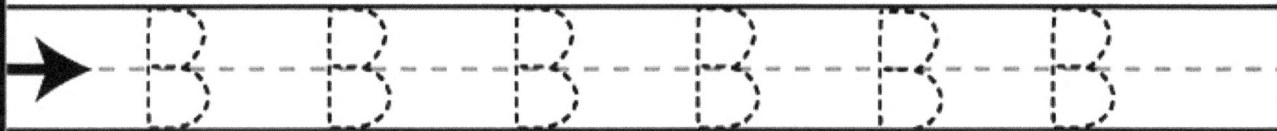

→ B B B B B B

→ B B B B B B

→ B B B B B B

→ B B B B B B

Lowercase

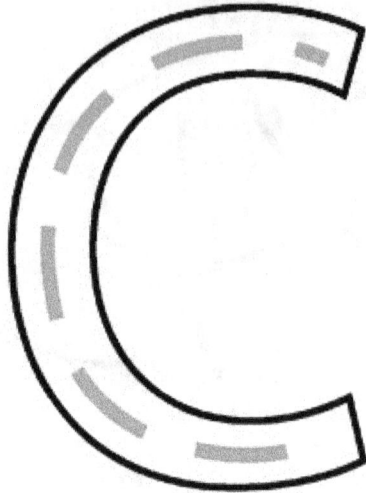

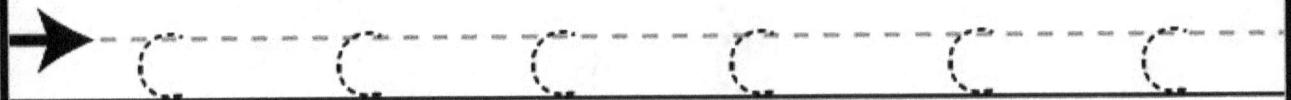

BY:_ _ _ _ _ _ _ _ _ _ _ _ _ _ _ _

Uppercase

C

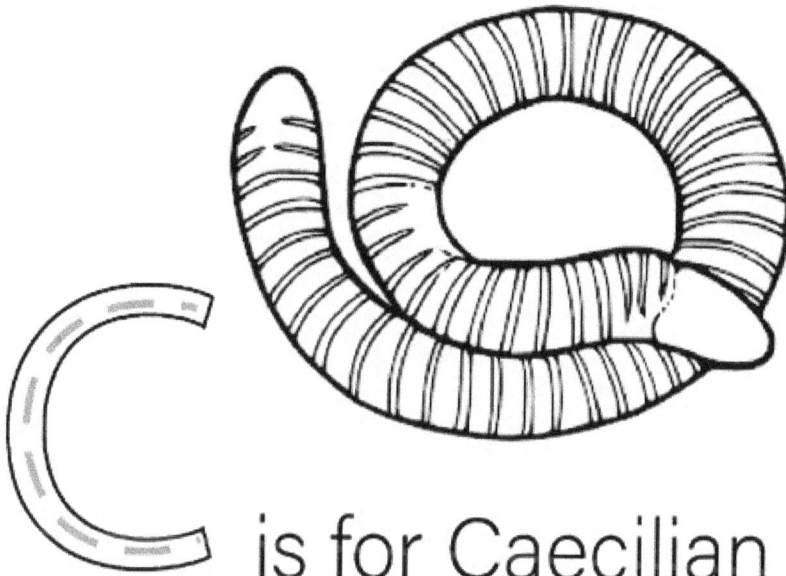

C is for Caecilian

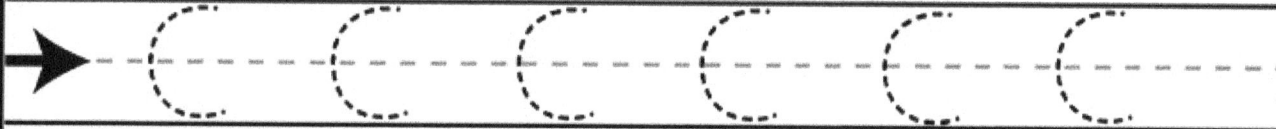

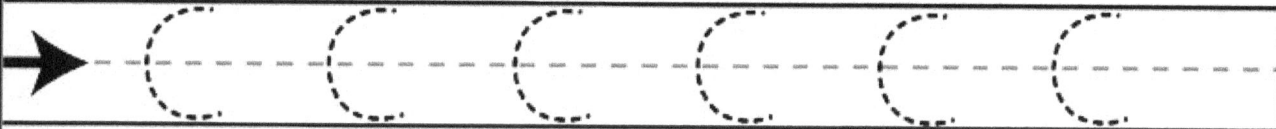

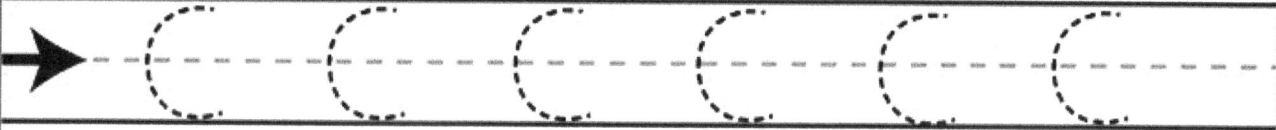

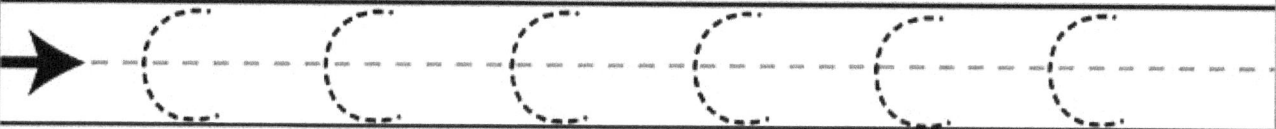

Lowercase

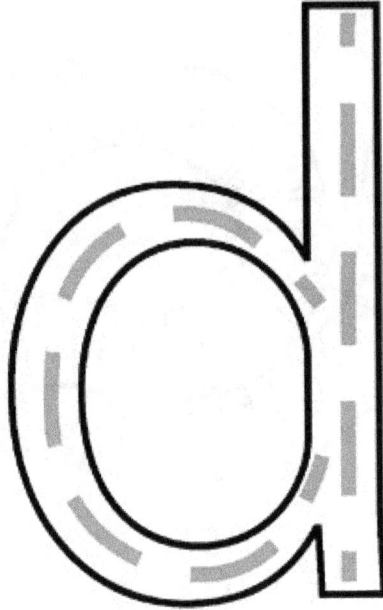

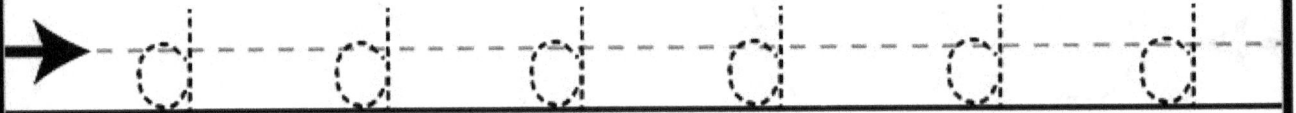

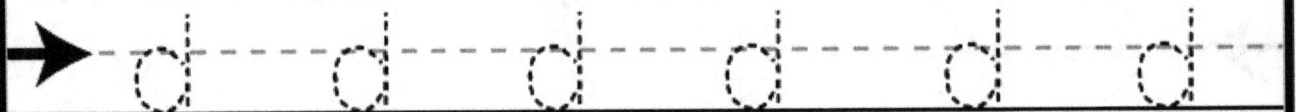

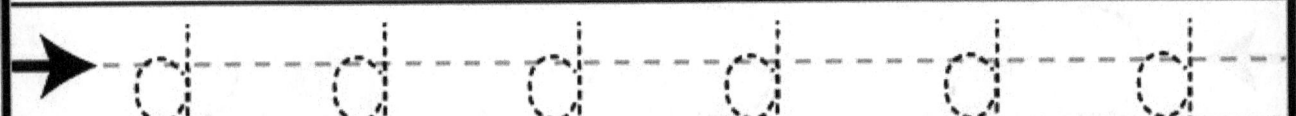

BY:_____

Uppercase

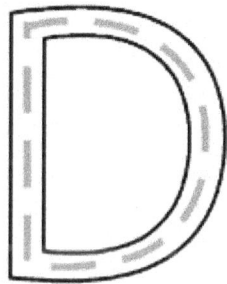

is fot Dhole

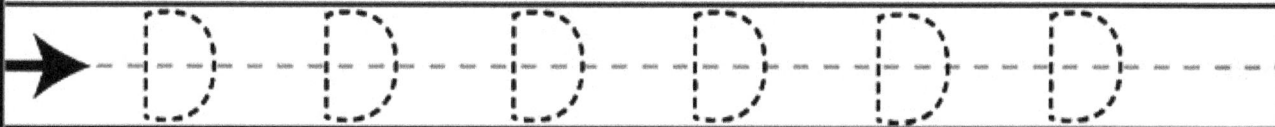

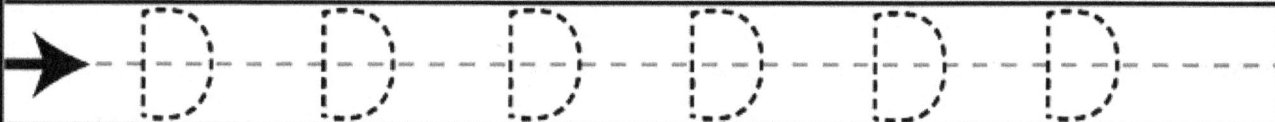

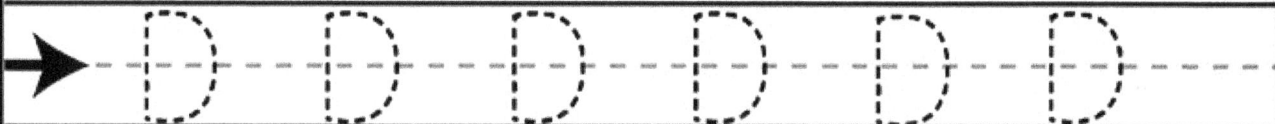

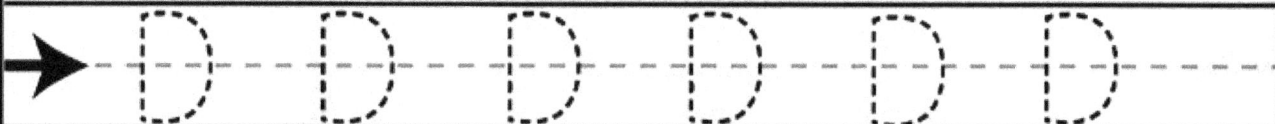

Lowercase

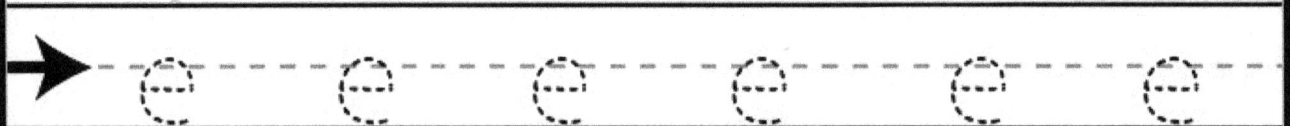

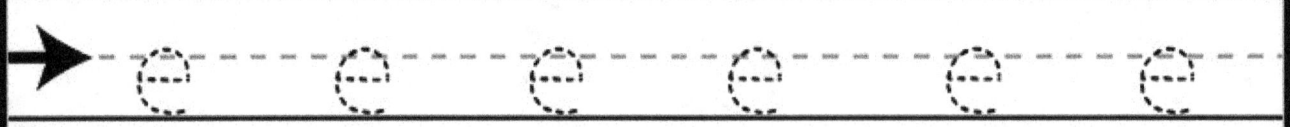

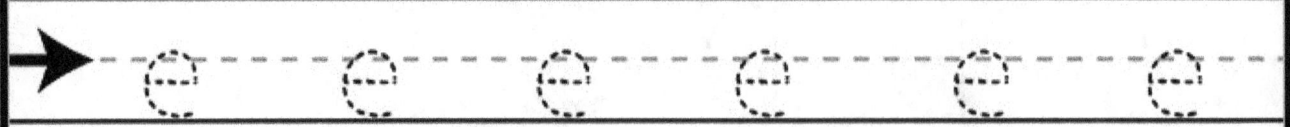

BY:_____

Uppercase

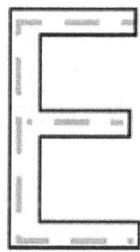 is for Eagle

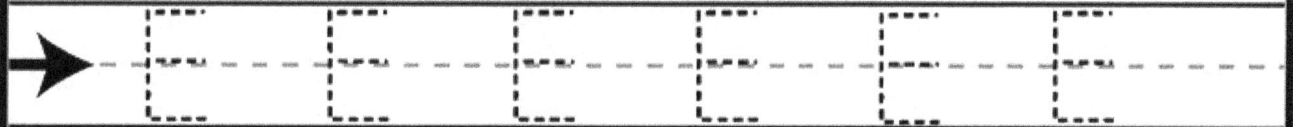

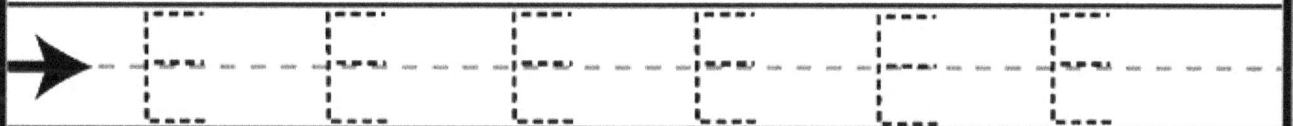

Lowercase

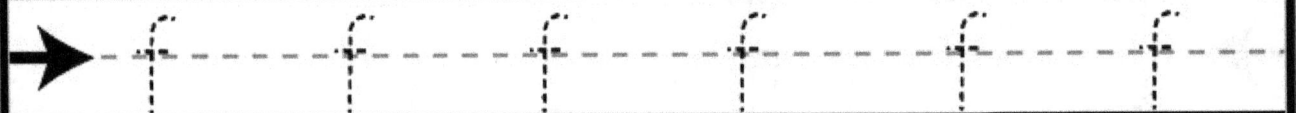

BY: _ _ _ _ _ _ _ _ _ _ _ _ _

Uppercase

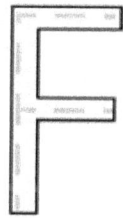 is for Ferret

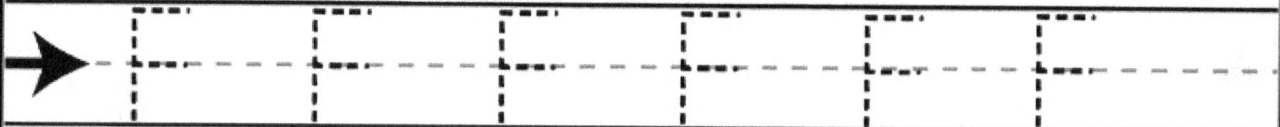

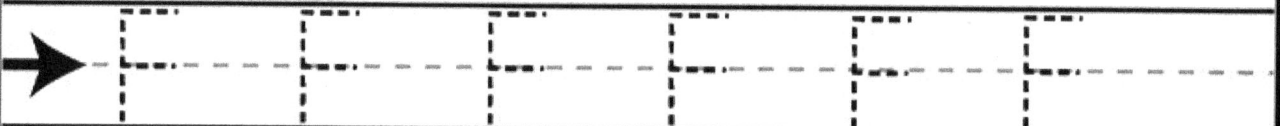

Lowercase

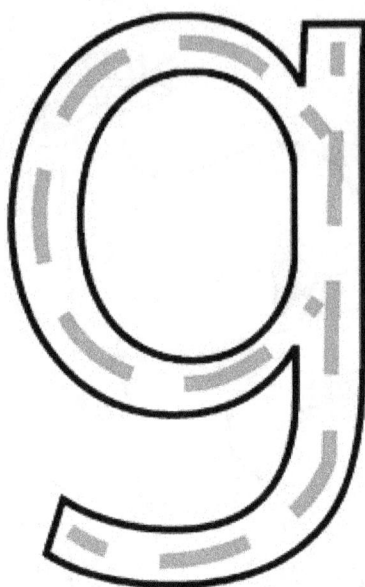

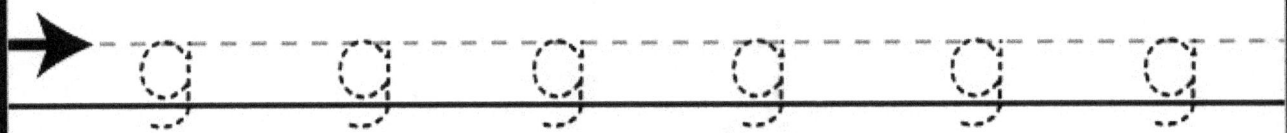

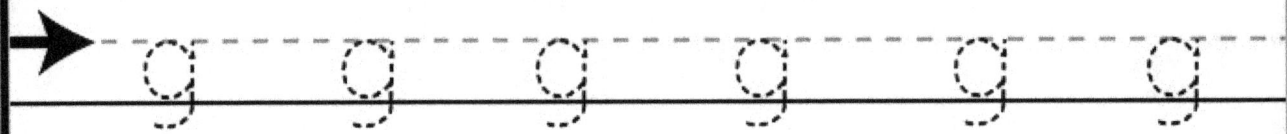

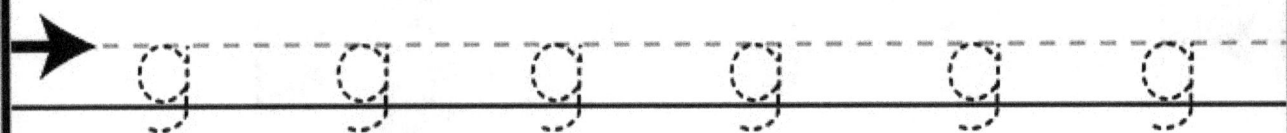

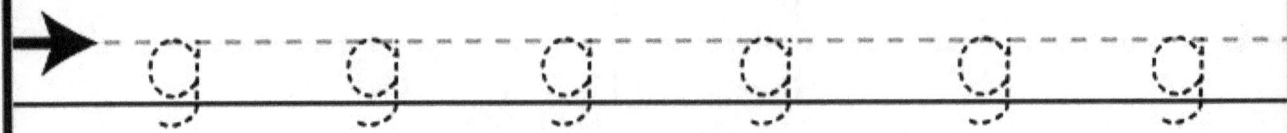

BY:_____

Uppercase

G is for Gannet

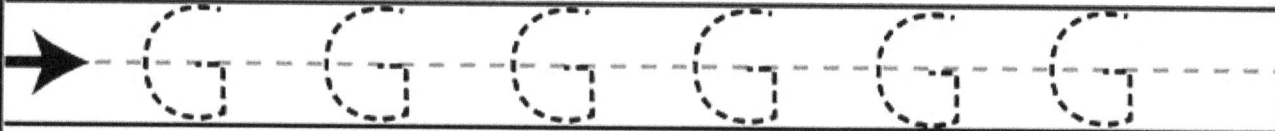

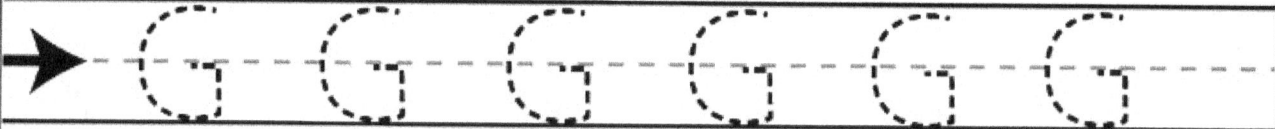

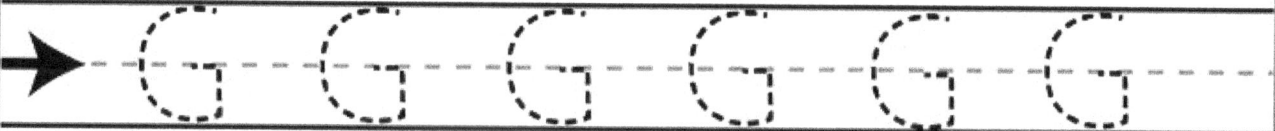

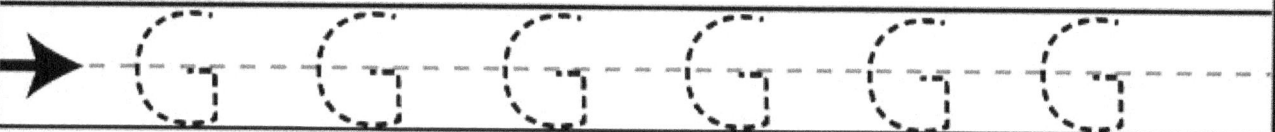

Lowercase

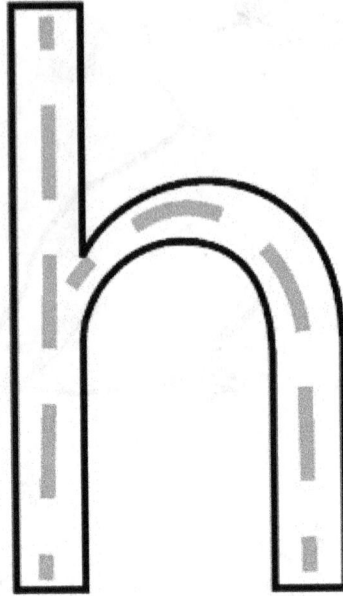

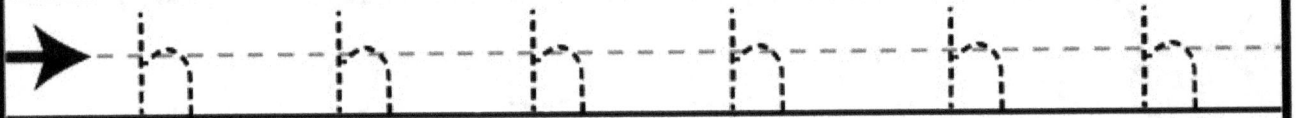

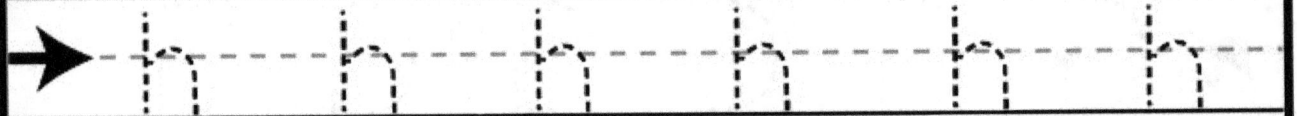

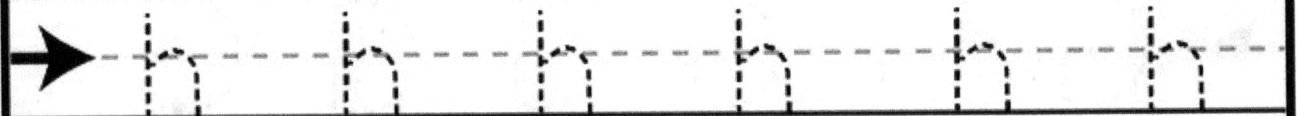

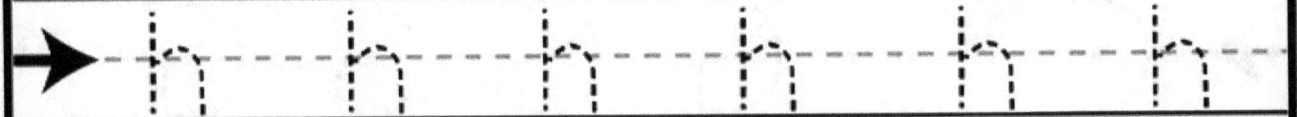

BY: _____

Uppercase

H

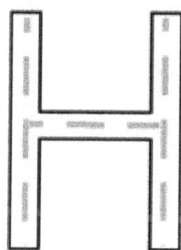

H is for Hamster

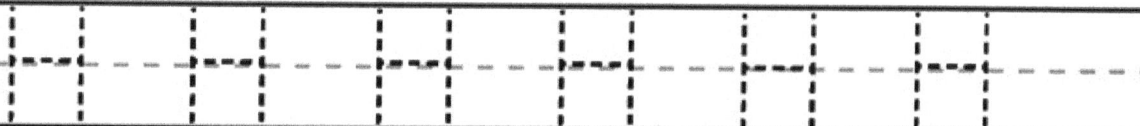

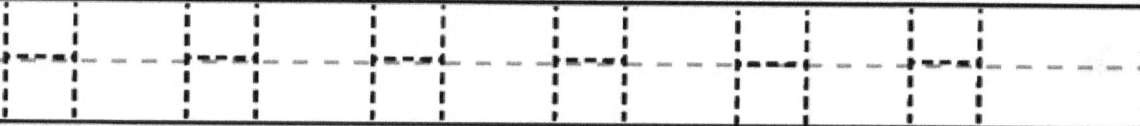

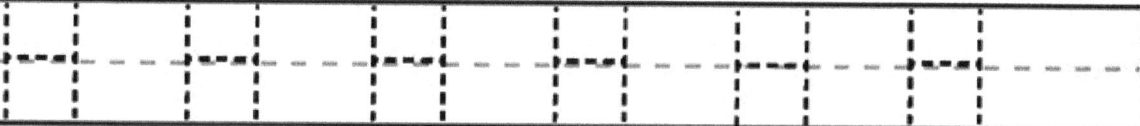

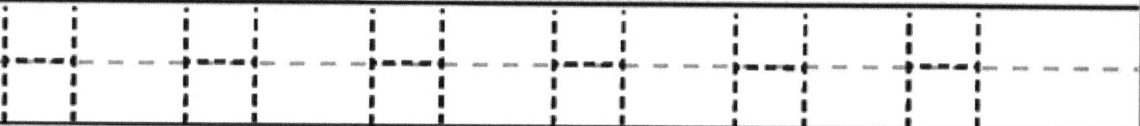

Lowercase

BY: _ _ _ _ _ _ _ _ _ _ _ _ _ _ _ _ _ _

Uppercase

is for Impala

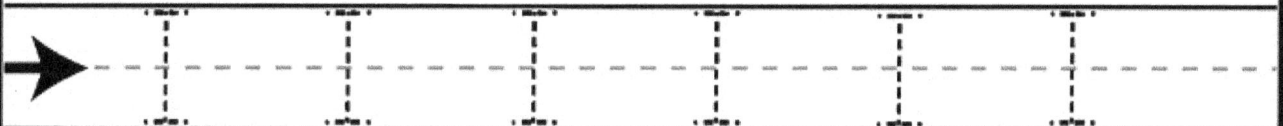

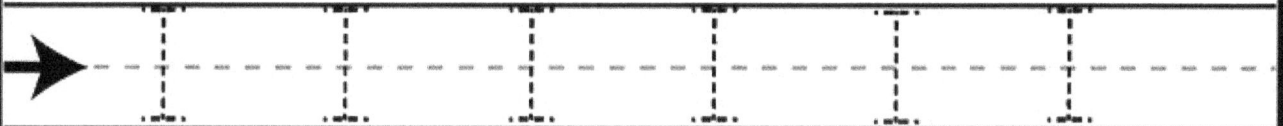

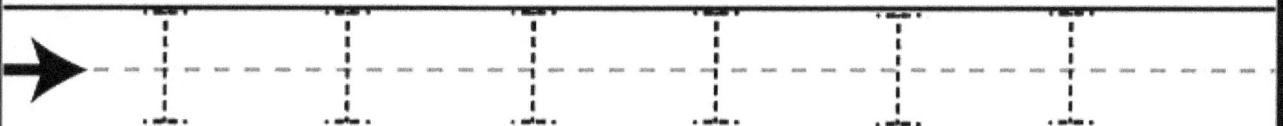

Lowercase

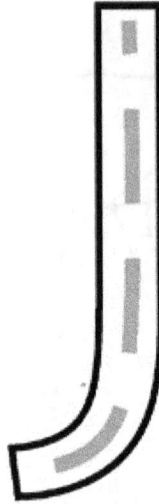

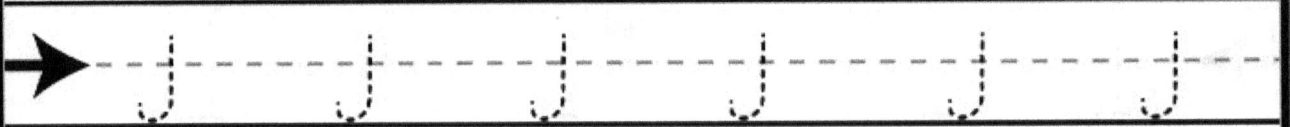

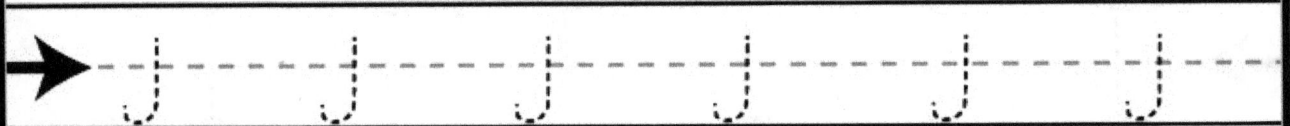

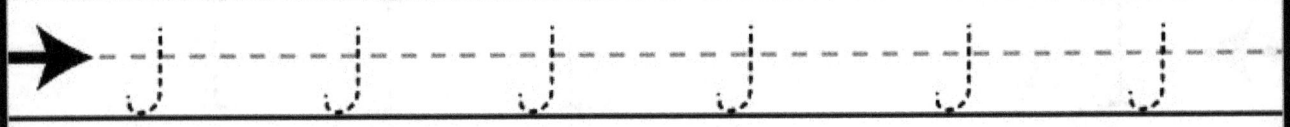

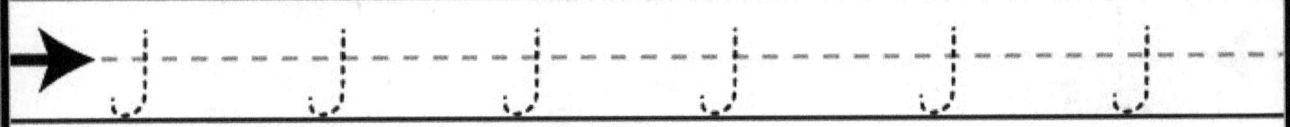

BY:_____

Uppercase

J is for Jaguar

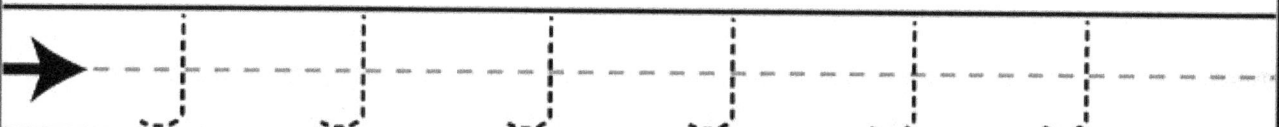

Lowercase

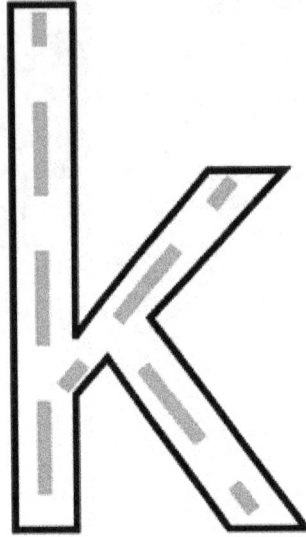

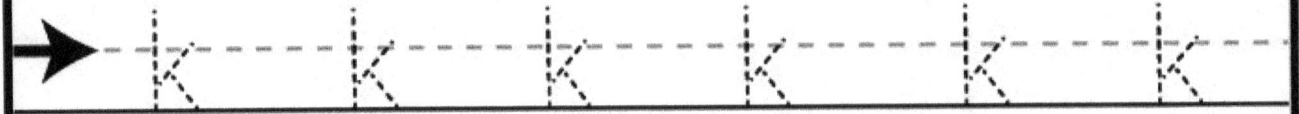

BY:_____

Uppercase

K

K is for Kangaroo

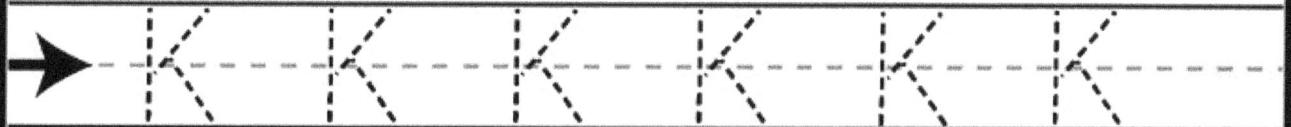

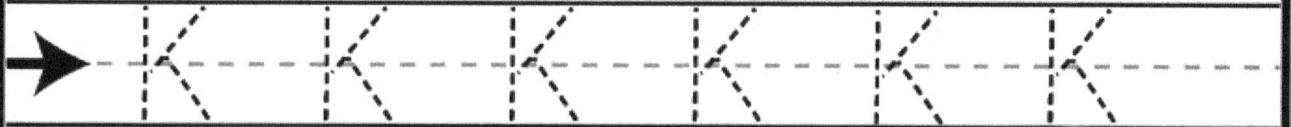

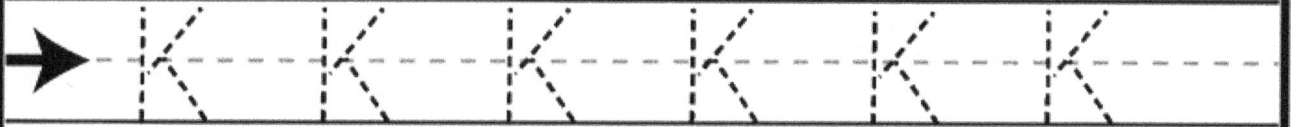

Lowercase

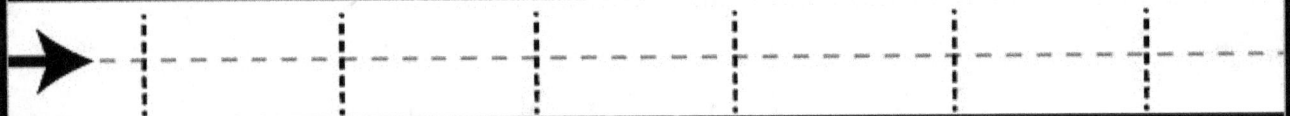

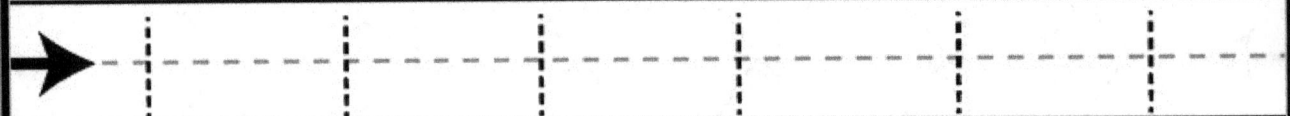

BY:

Uppercase

L is for Ladybug

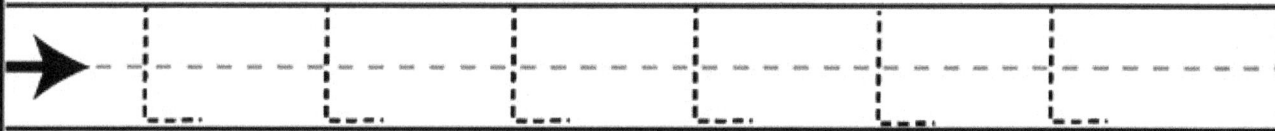

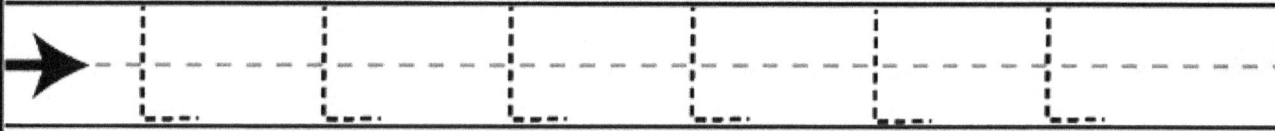

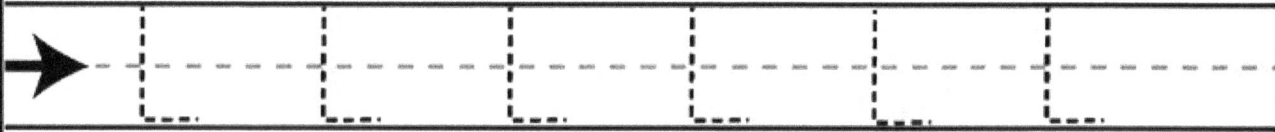

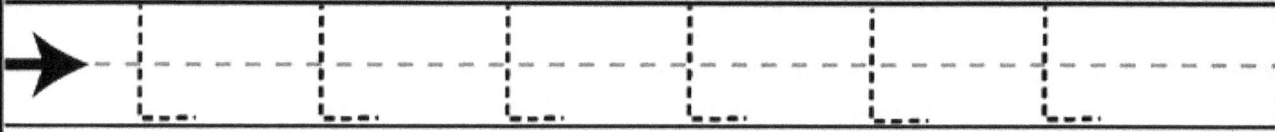

Lowercase

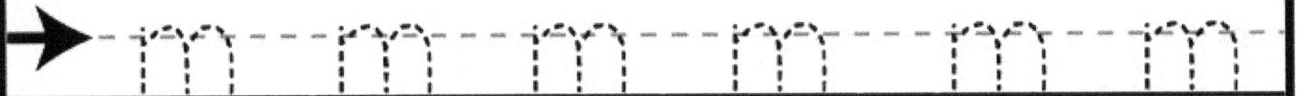

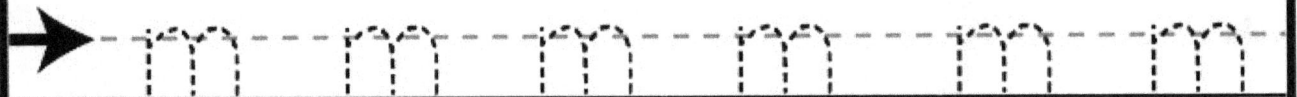

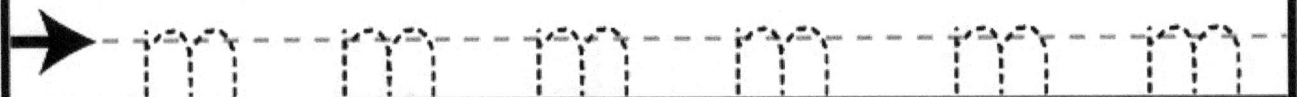

BY:_____

Uppercase

 is for Macaw

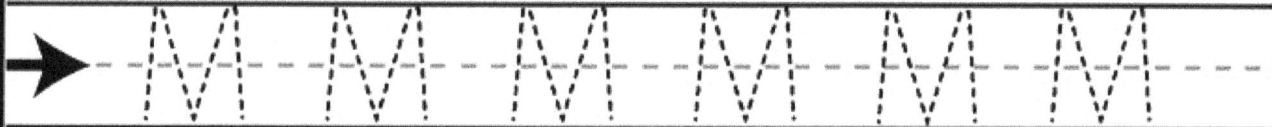

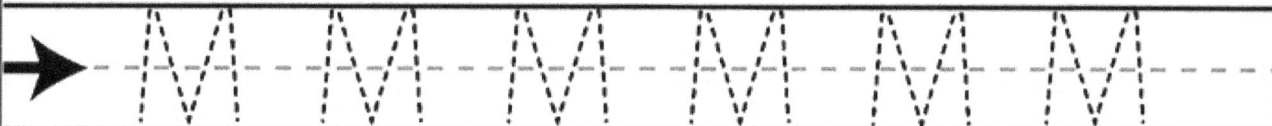

Lowercase

BY:

Uppercase

N

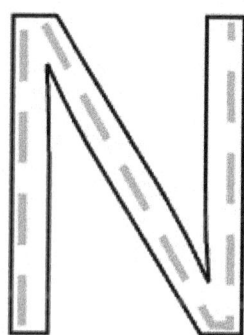

N is for Narwhal

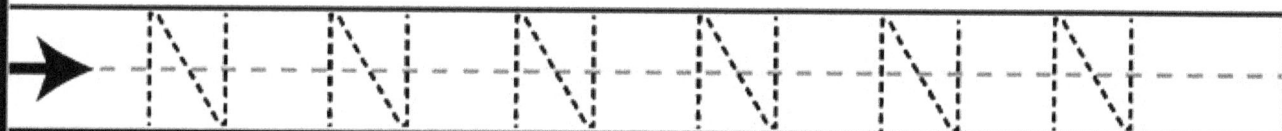

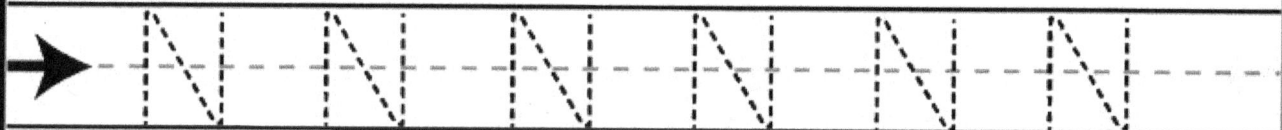

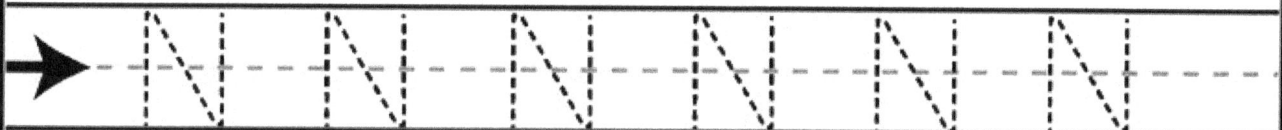

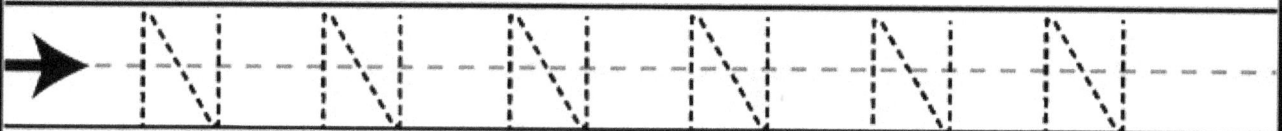

→ N N N N N N N

→ N N N N N N N

→ N N N N N N N

→ N N N N N N N

Lowercase

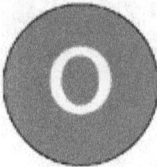

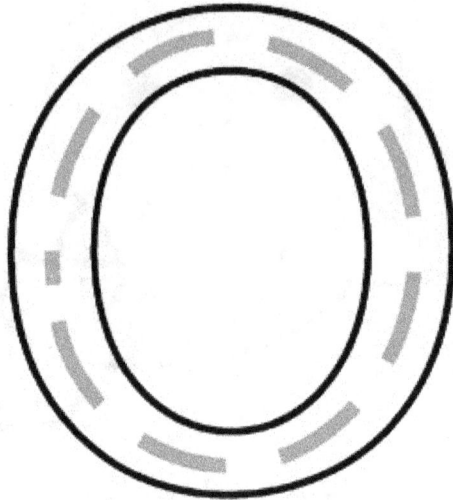

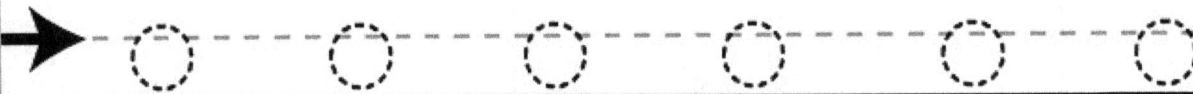

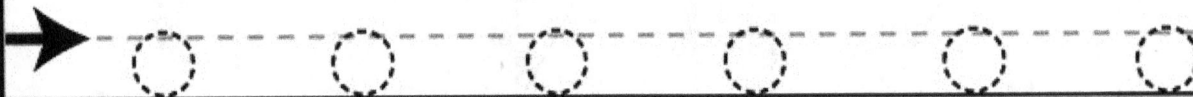

BY:_____

Uppercase

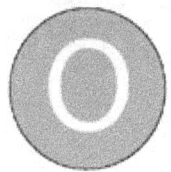

is for Ocelot

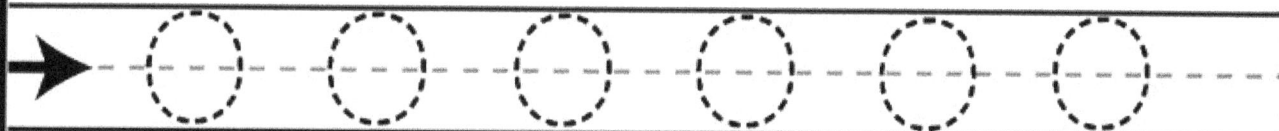

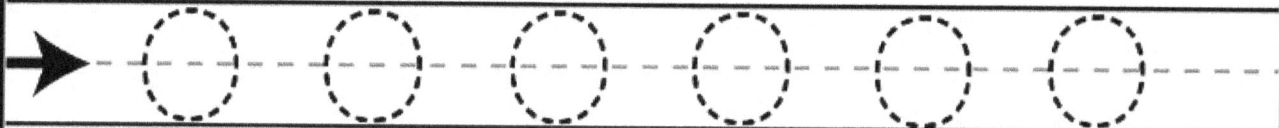

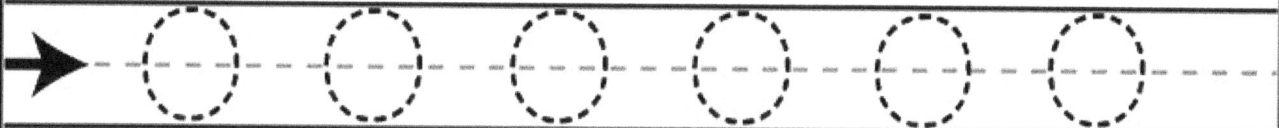

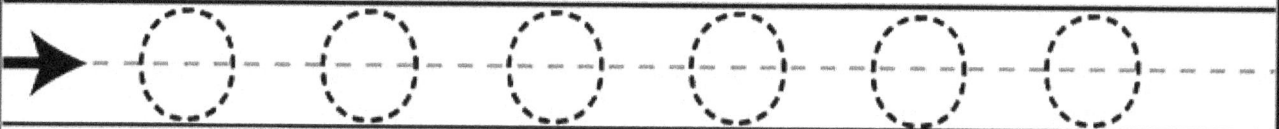

Lowercase

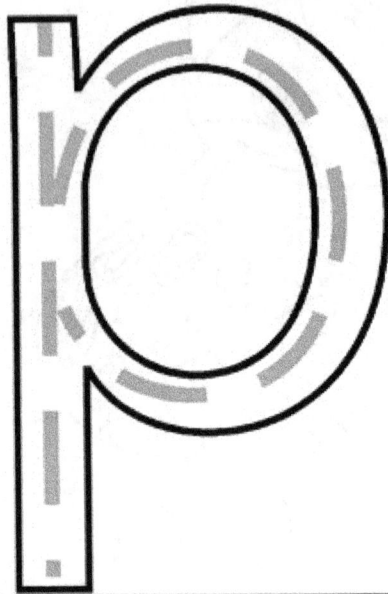

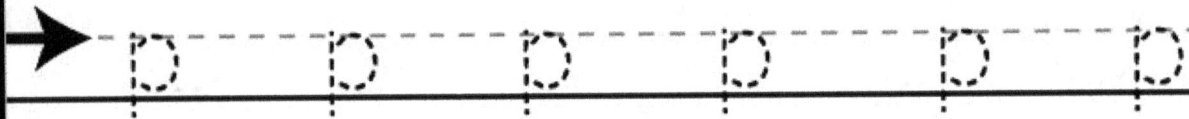

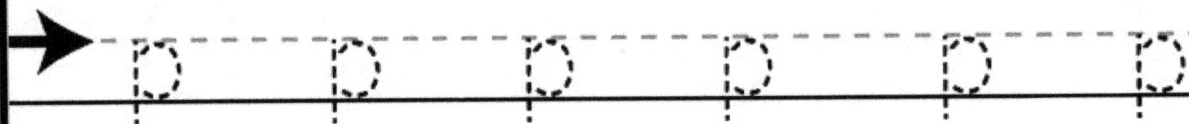

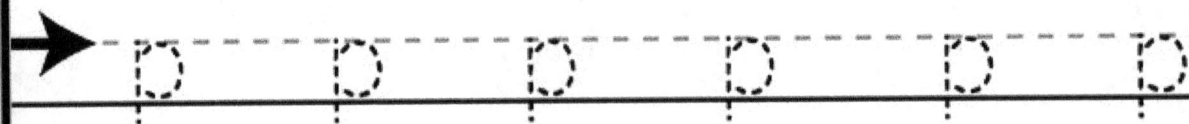

BY:_ _ _ _ _ _ _ _ _ _ _ _ _ _ _ _

Uppercase

 is for Paca

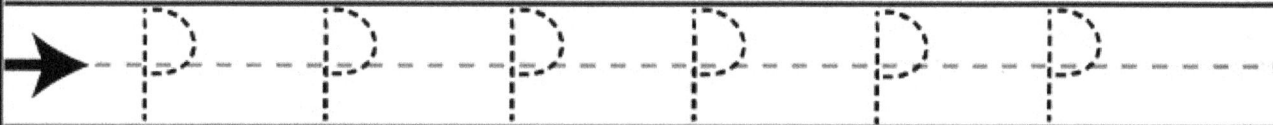

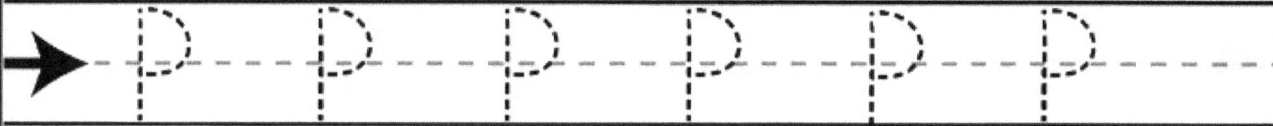

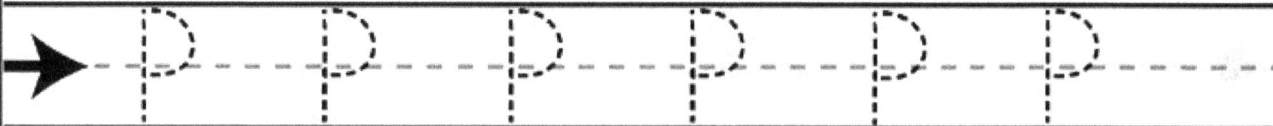

Lowercase

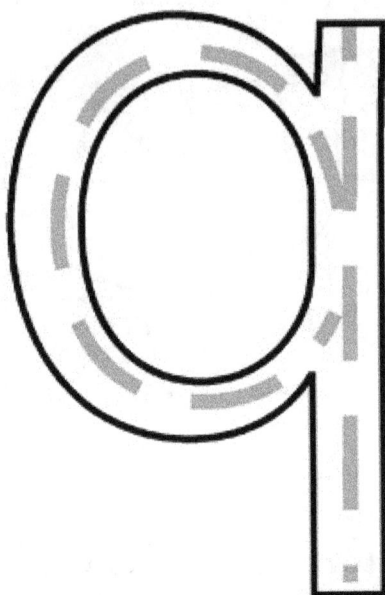

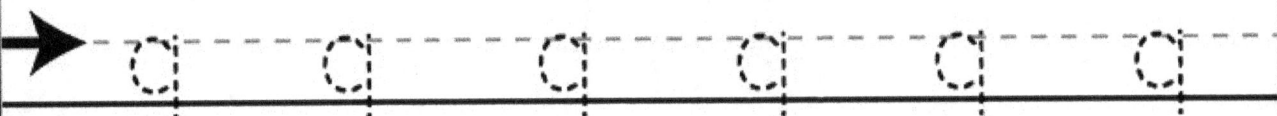

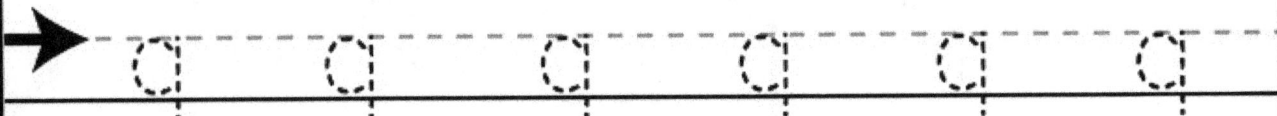

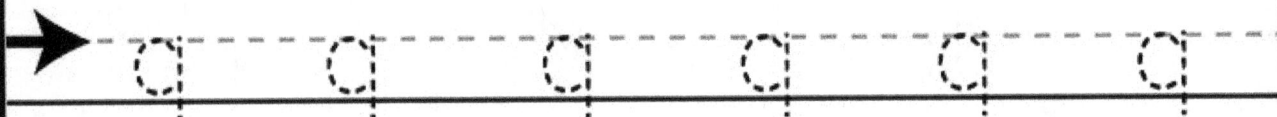

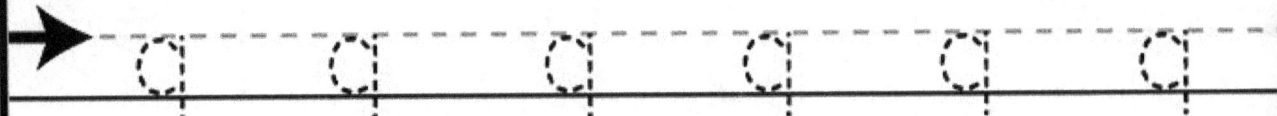

BY:_ _ _ _ _ _ _ _ _ _ _ _ _ _ _ _ _

Uppercase

Q is for Quail

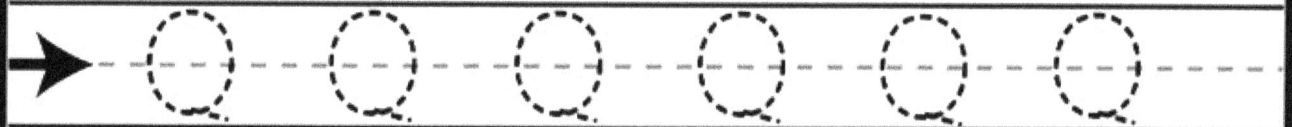

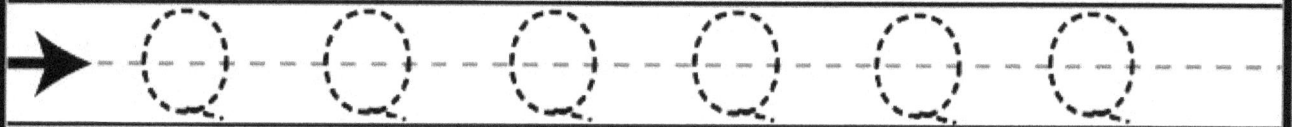

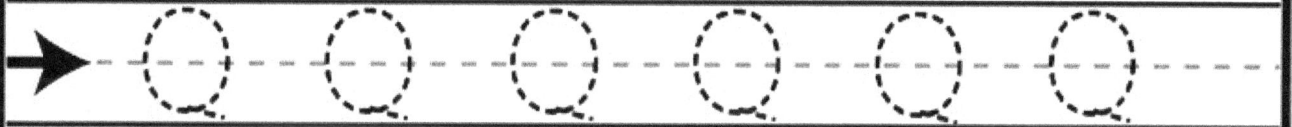

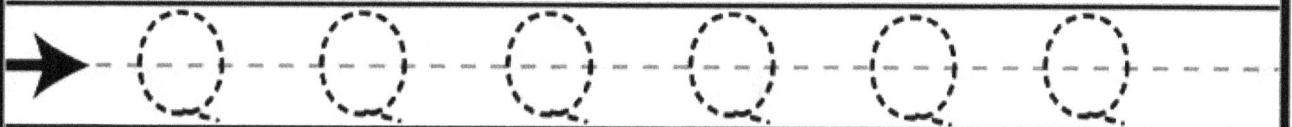

Lowercase

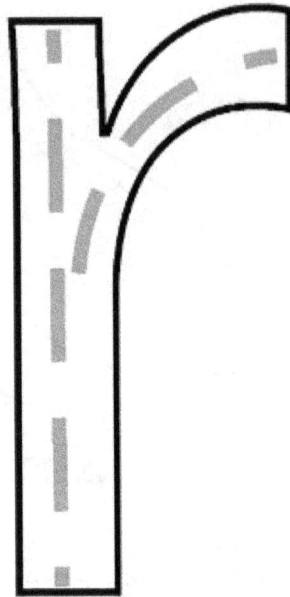

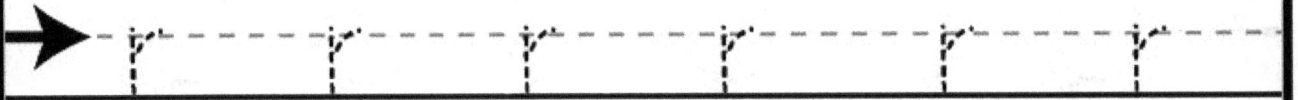

BY:_____

Uppercase

R

R is for Rabbit

→ R R R R R R

→ R R R R R R

→ R R R R R R

→ R R R R R R

Lowercase

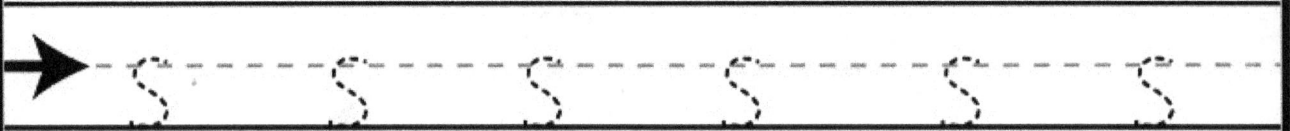

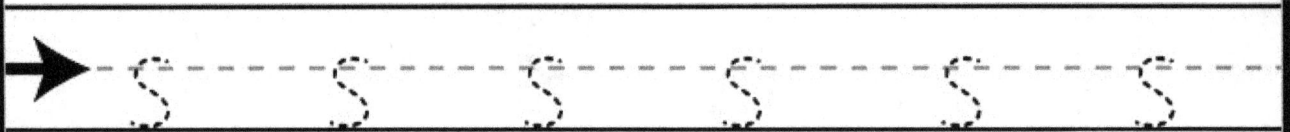

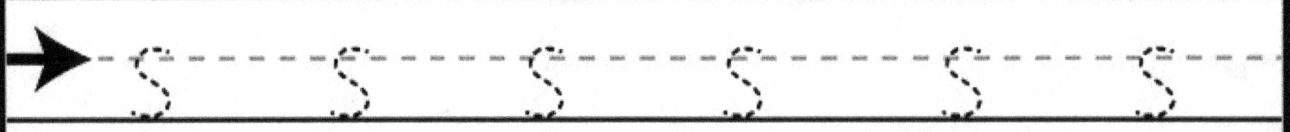

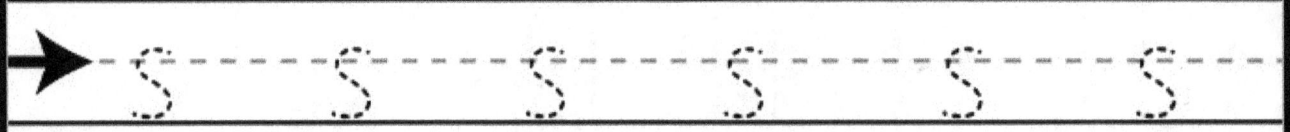

BY:_____

Uppercase

S

S is for Sailfish

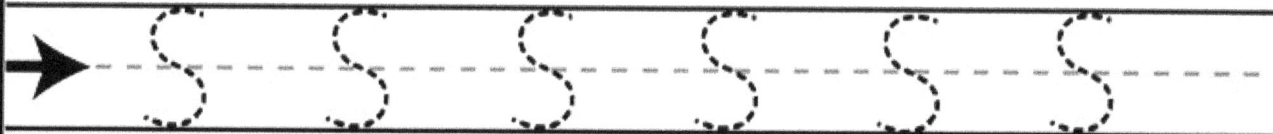

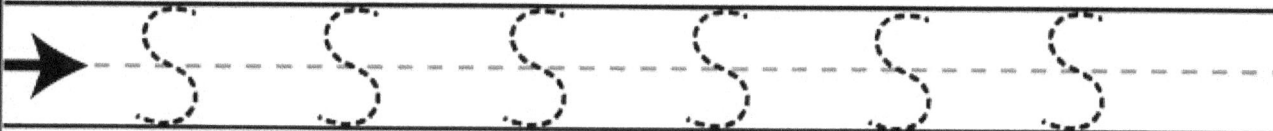

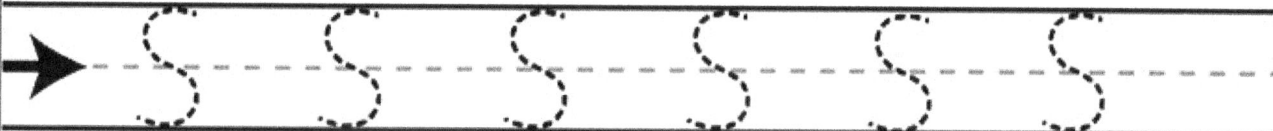

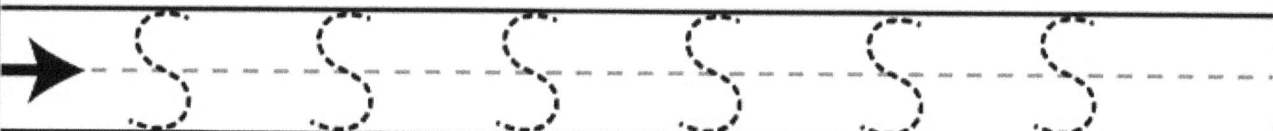

$\rightarrow$ S S S S S S

$\rightarrow$ S S S S S S

$\rightarrow$ S S S S S S

$\rightarrow$ S S S S S S

Lowercase

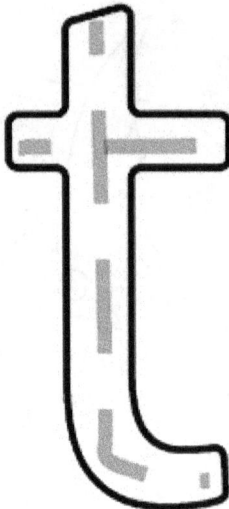

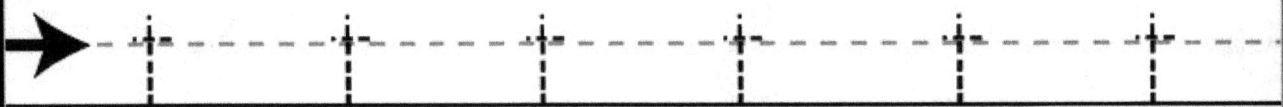

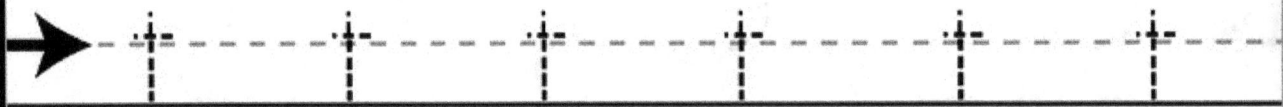

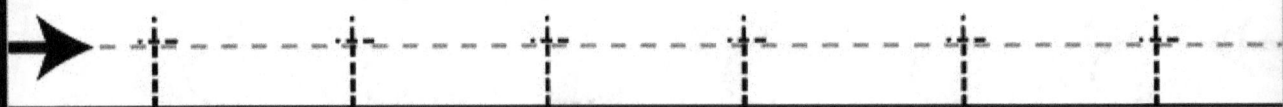

BY:_____

Uppercase

T

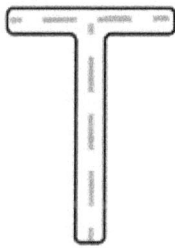

T is for Tadpole

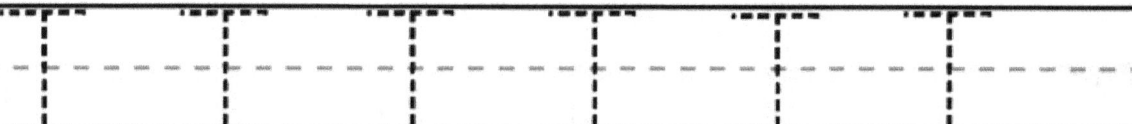

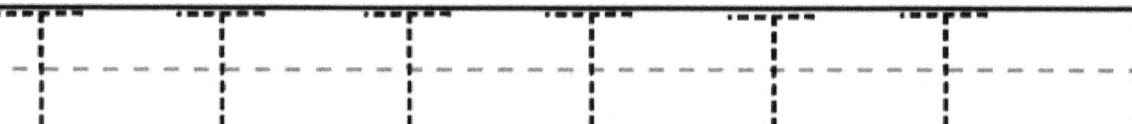

Lowercase

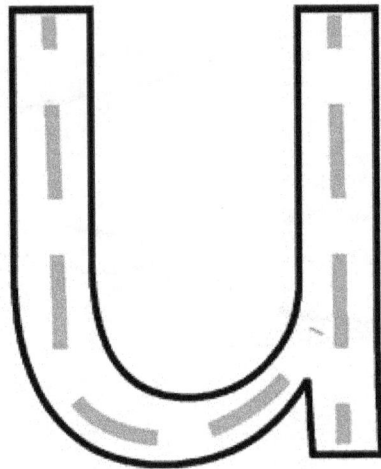

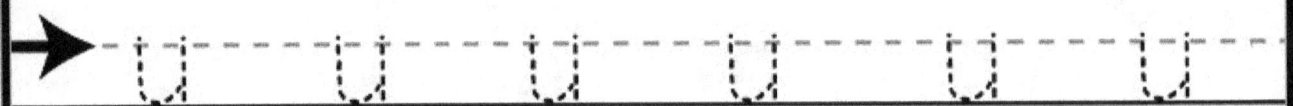

BY:_ _ _ _ _ _ _ _ _ _ _ _ _ _ _ _

Uppercase

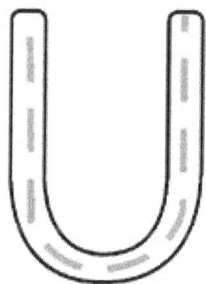 is for Urchin

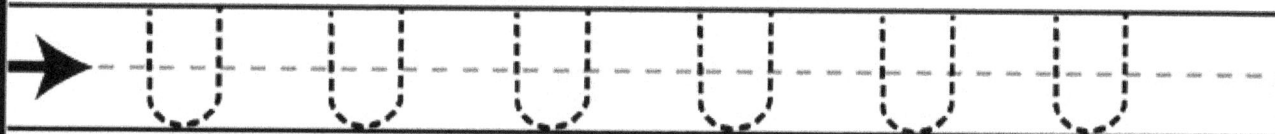

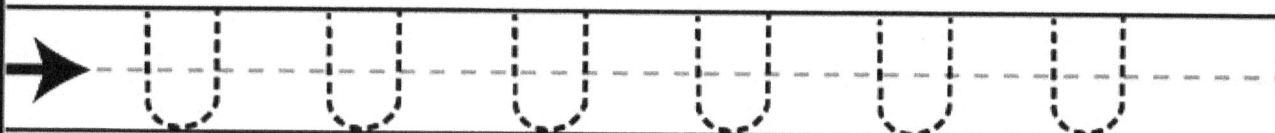

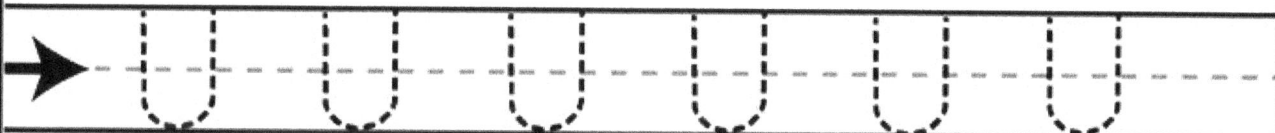

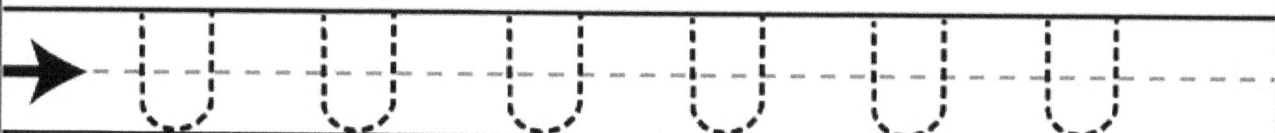

Lowercase

V

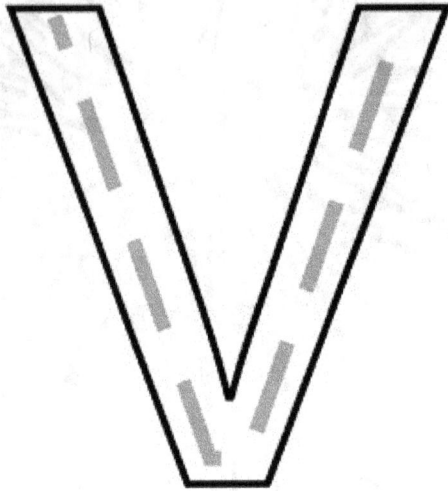

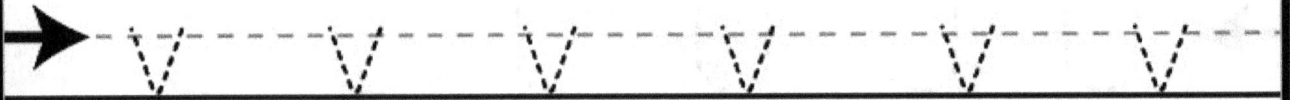

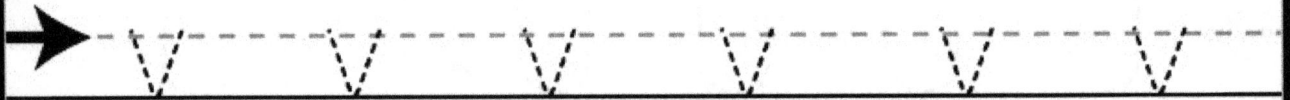

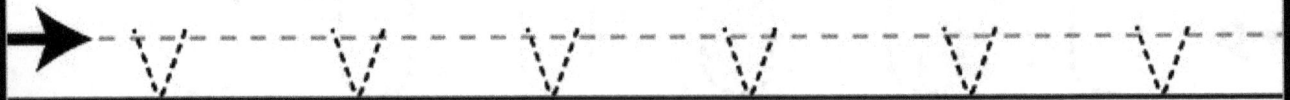

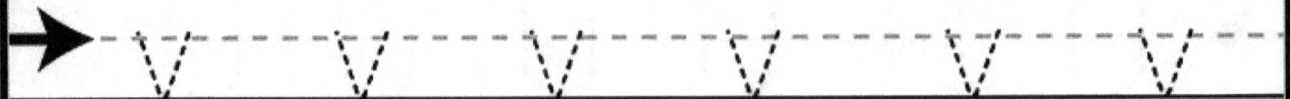

BY:_ _ _ _ _ _ _ _ _ _ _ _ _ _ _ _ _ _

Uppercase

V is for Vicuna

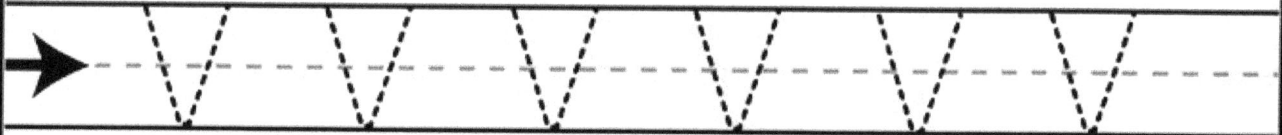

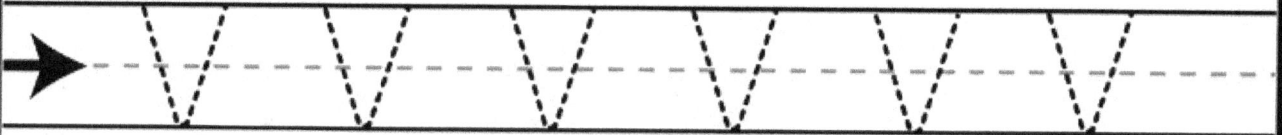

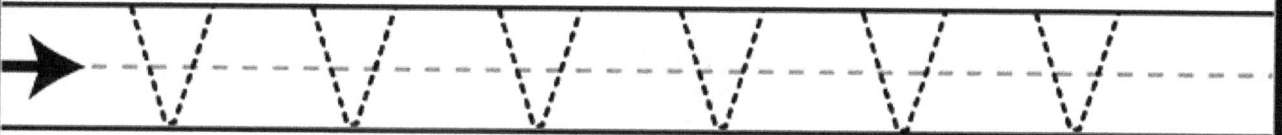

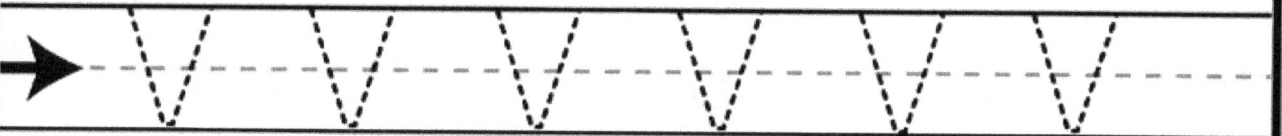

Lowercase

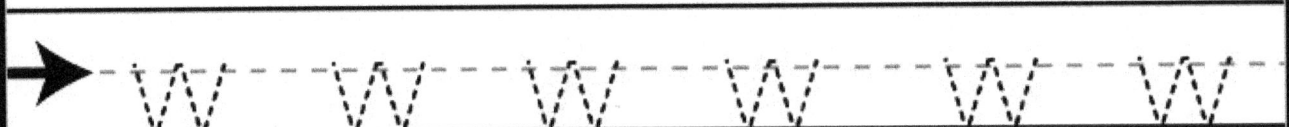

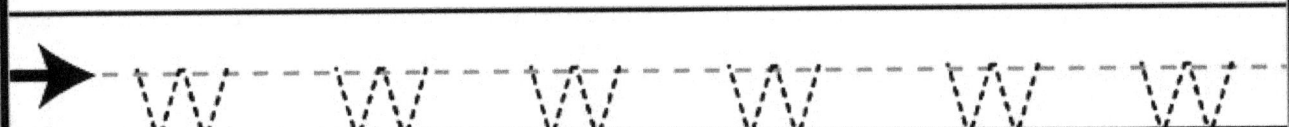

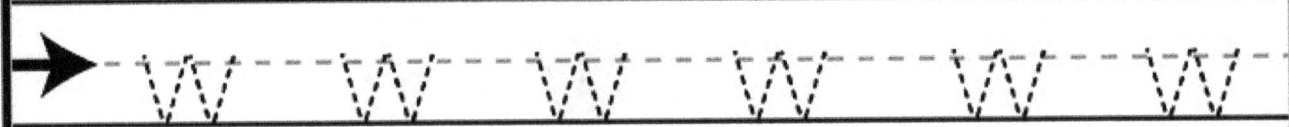

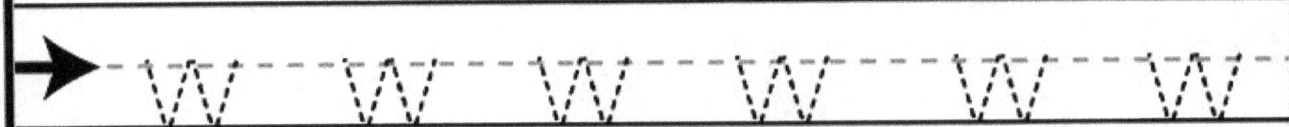

BY:_____

Uppercase

W

W is for Wallaby

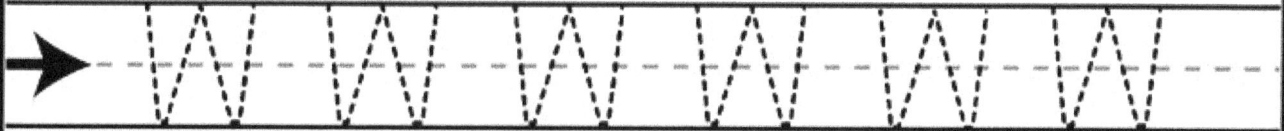

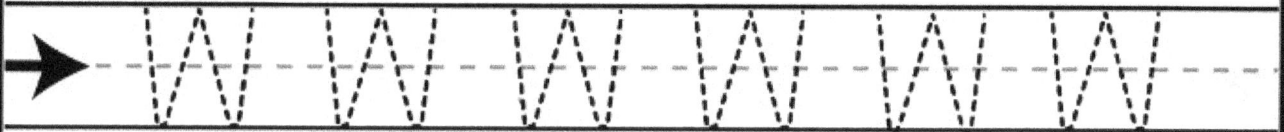

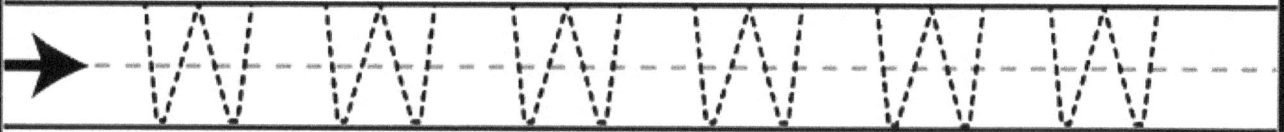

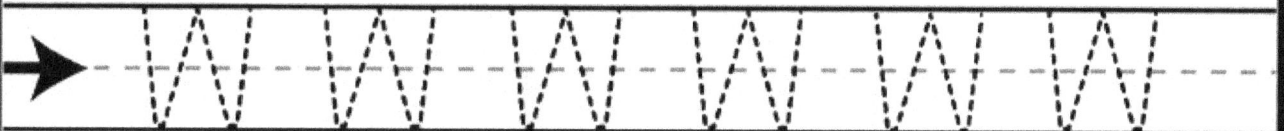

→ W W W W W W W

→ W W W W W W W

→ W W W W W W W

→ W W W W W W W

Lowercase

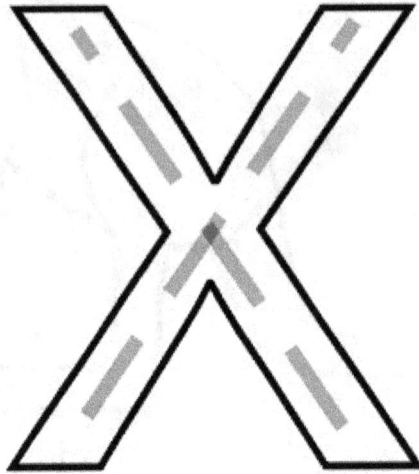

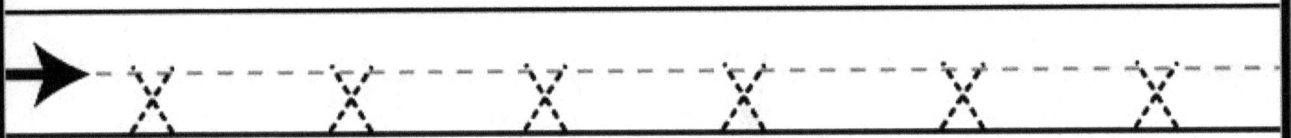

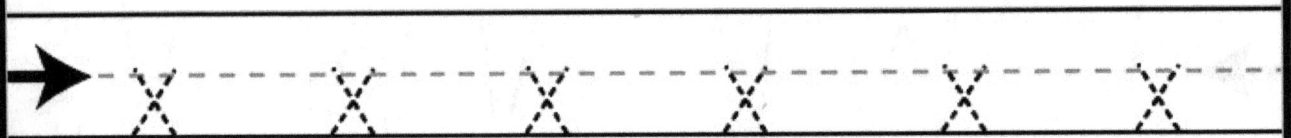

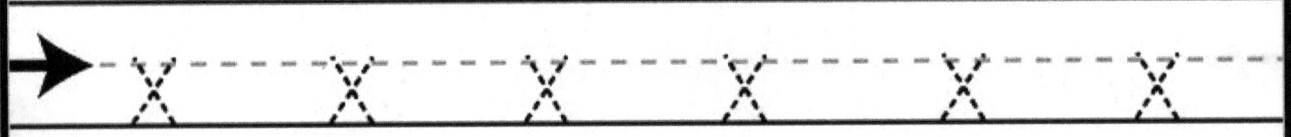

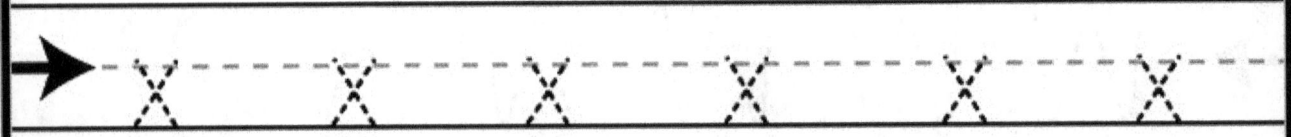

BY:_ _ _ _ _ _ _ _ _ _ _ _ _ _ _ _

Uppercase

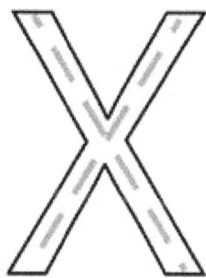 is for Xerus

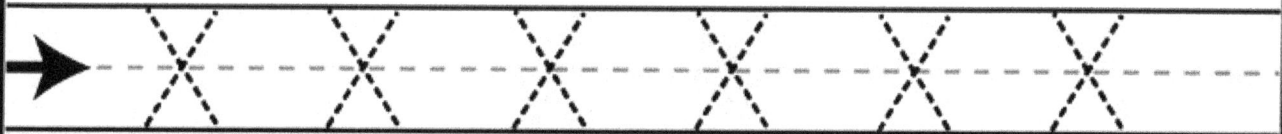

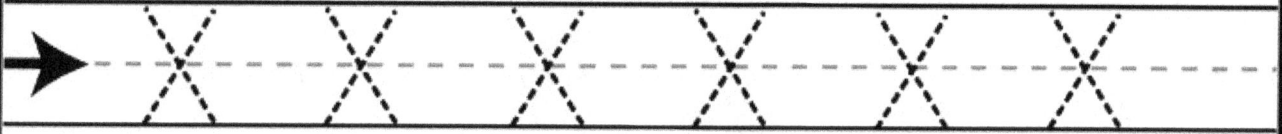

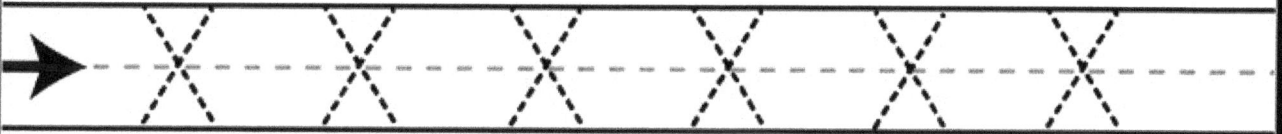

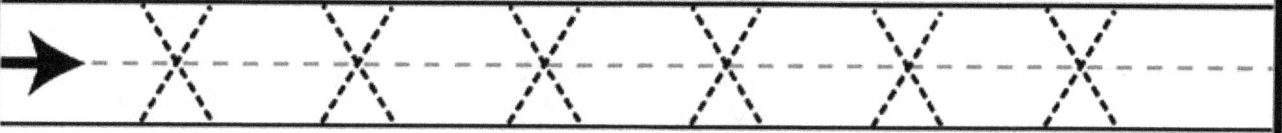

Lowercase

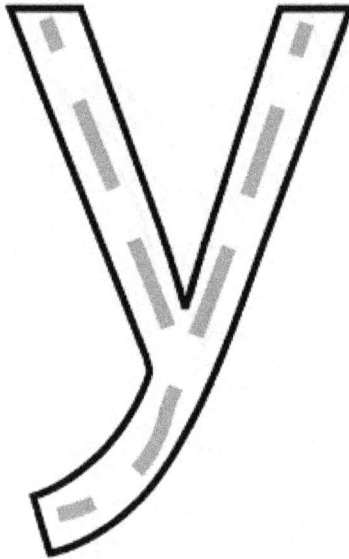

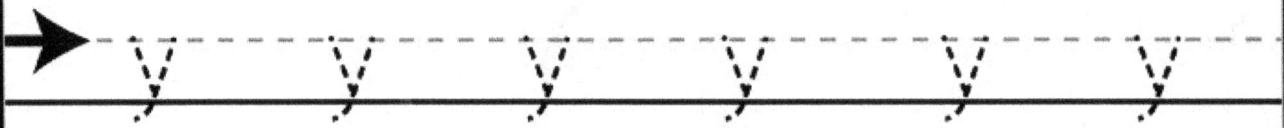

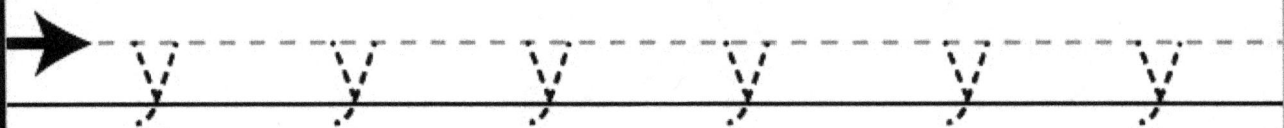

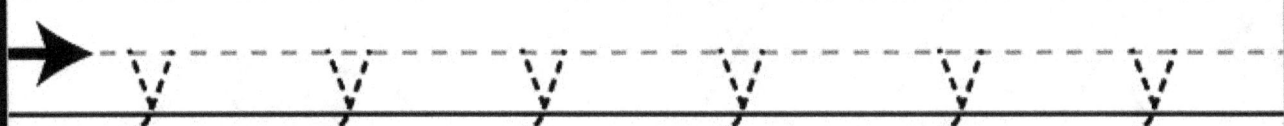

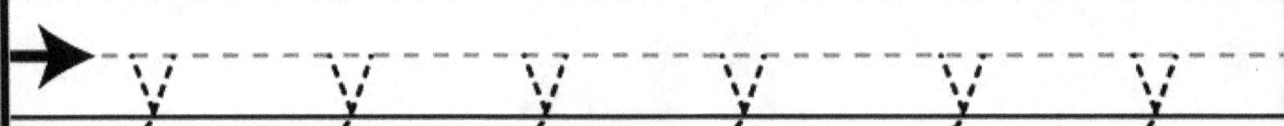

BY:_____

Uppercase

Y is for Yak

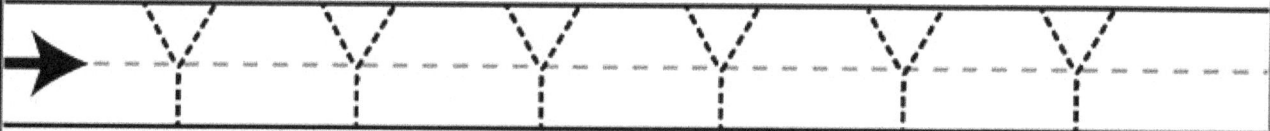

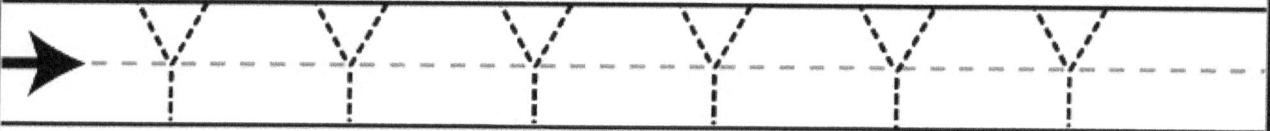

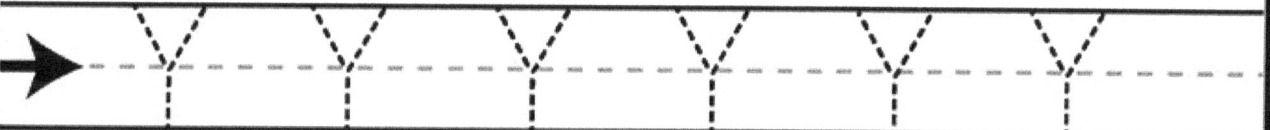

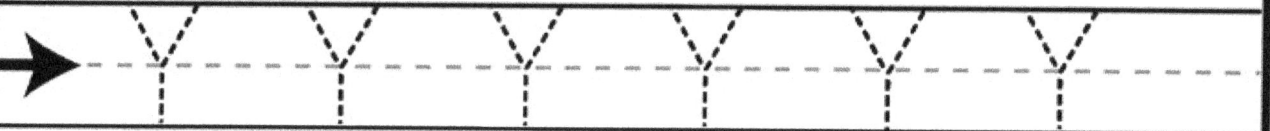

Lowercase

z

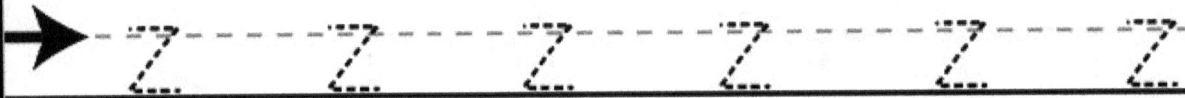

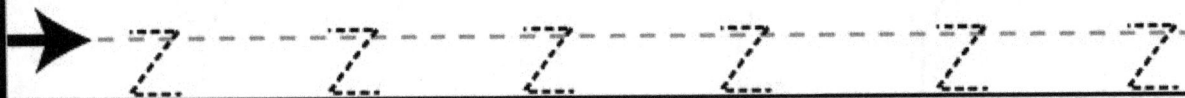

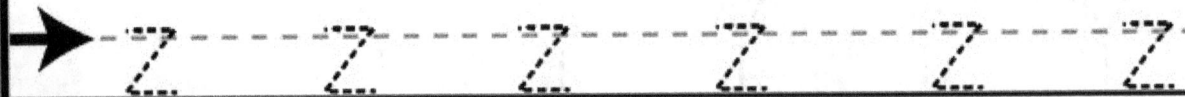

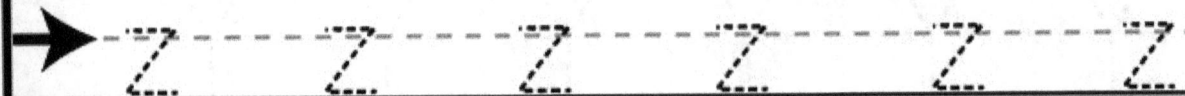

BY:_ _ _ _ _ _ _ _ _ _ _ _ _ _ _ _

Uppercase

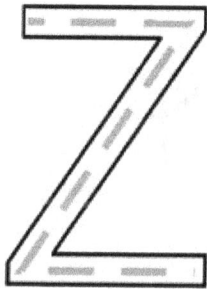 is for Zebra

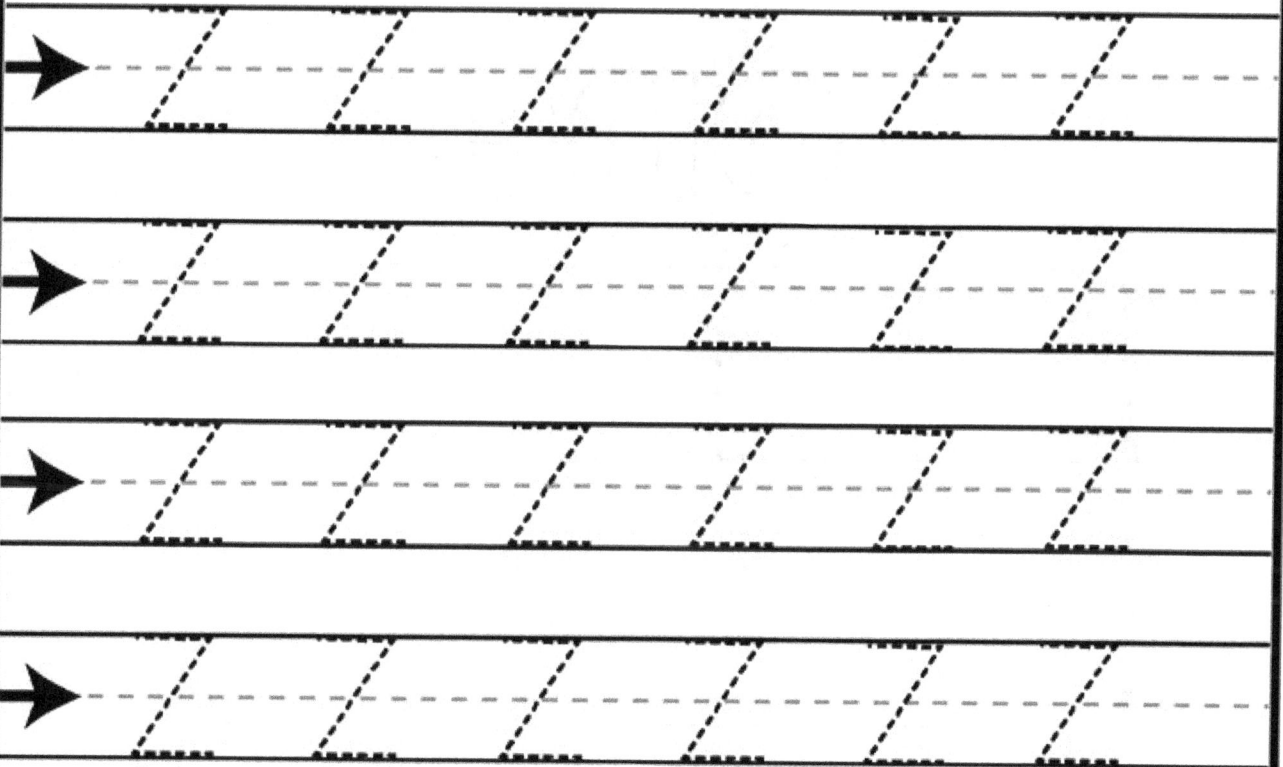

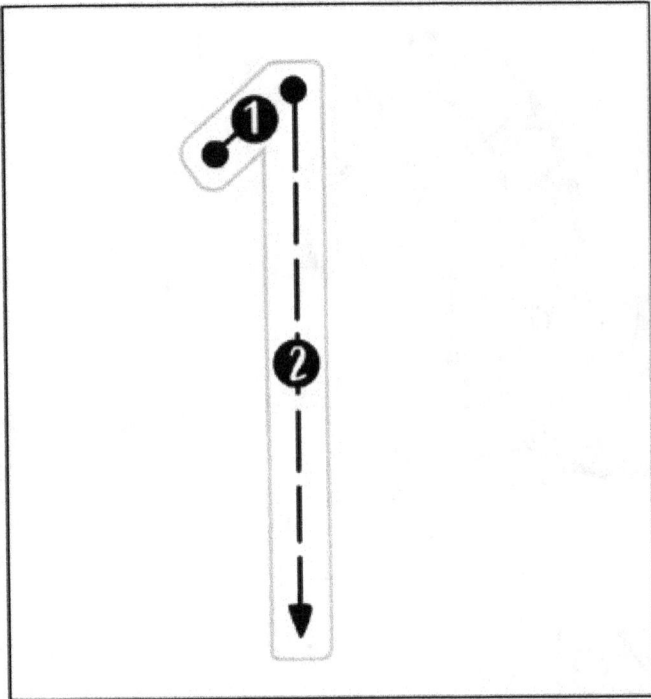

one

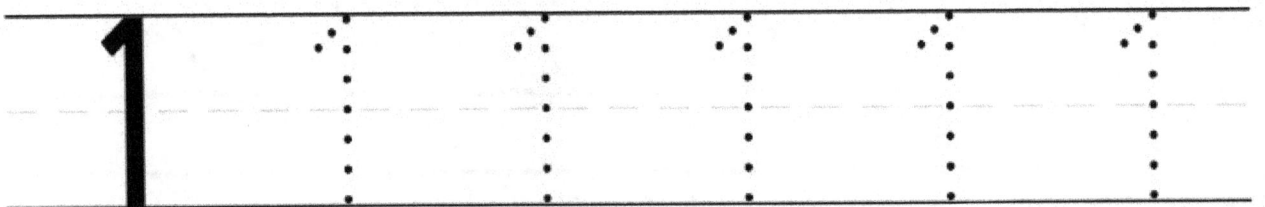
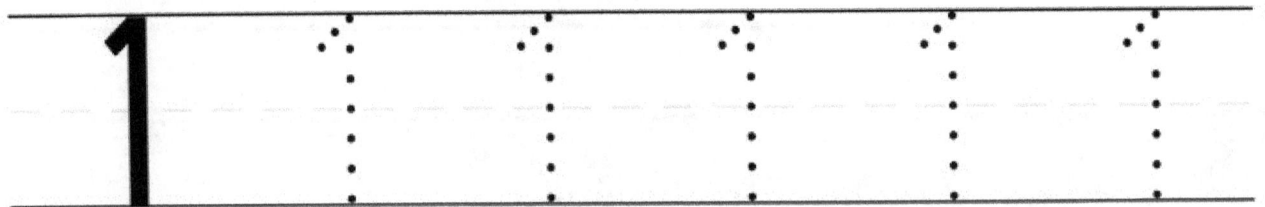
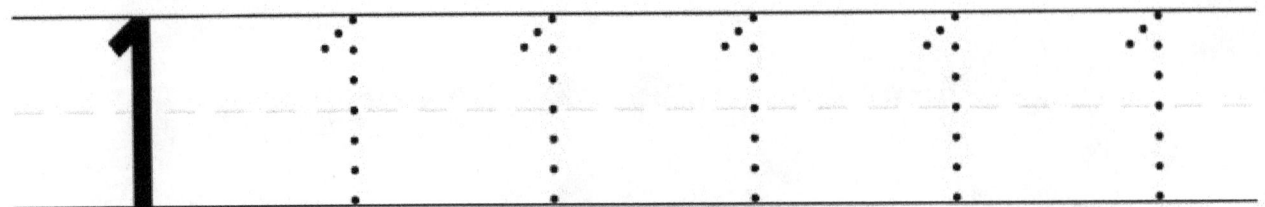

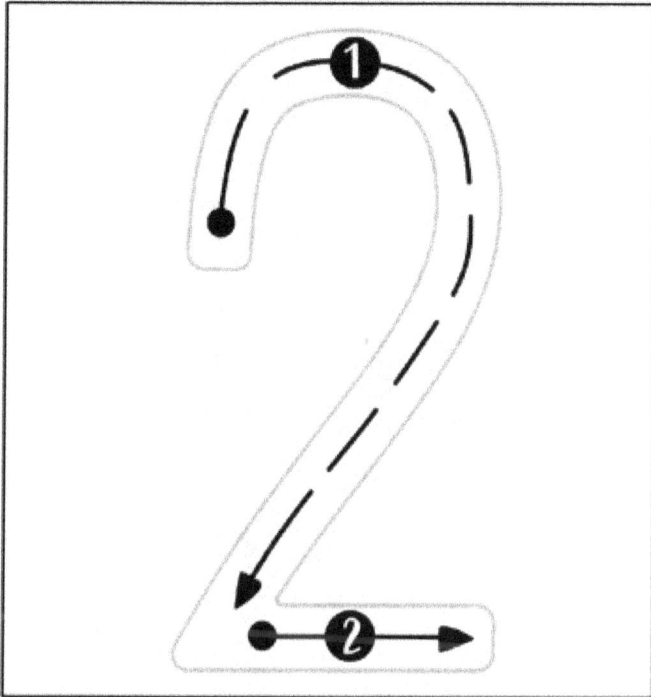

two

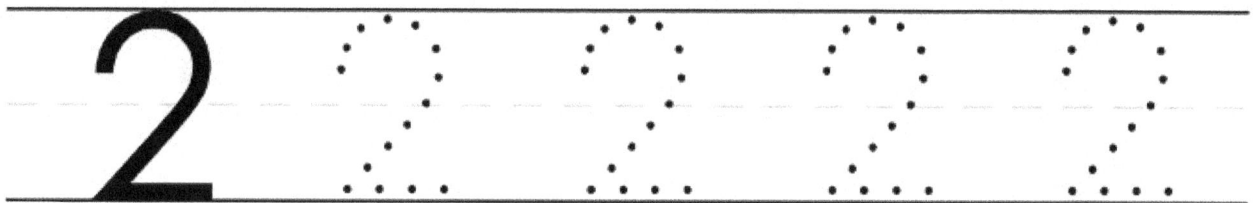
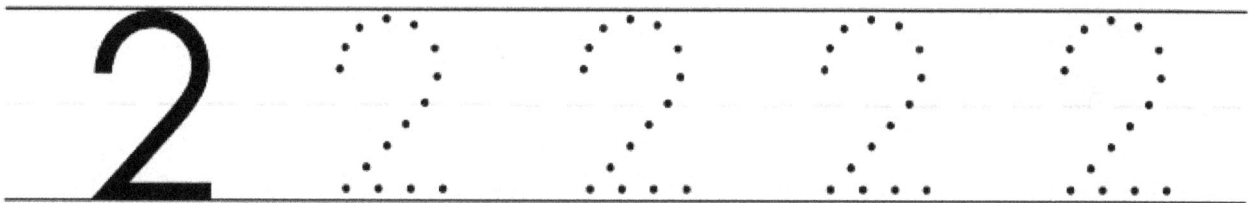
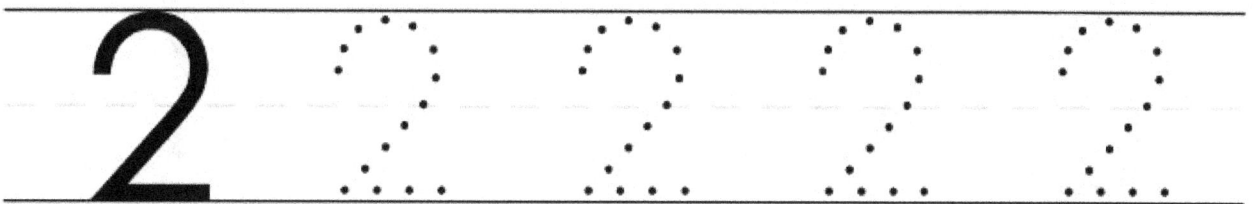

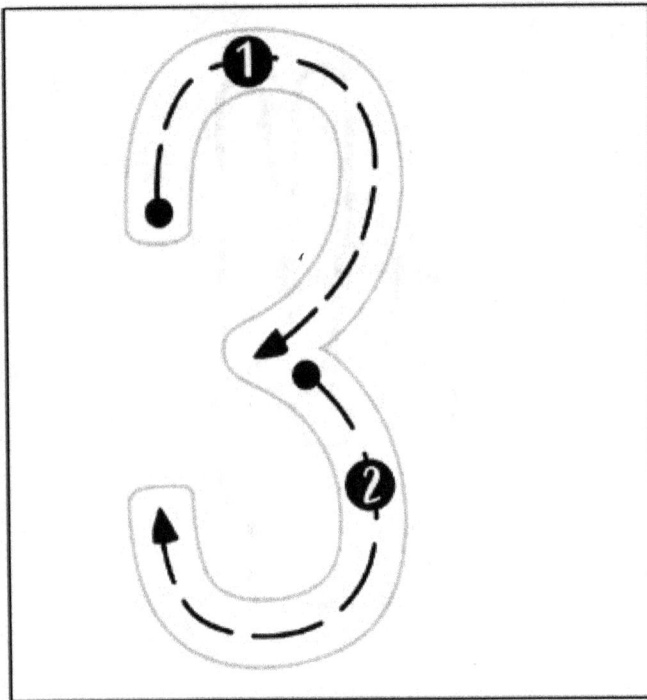

three

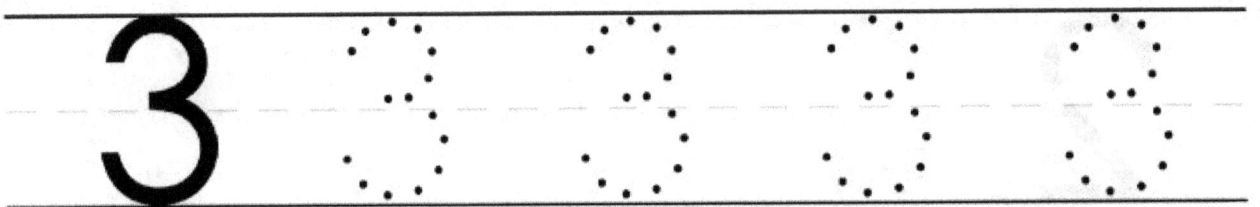
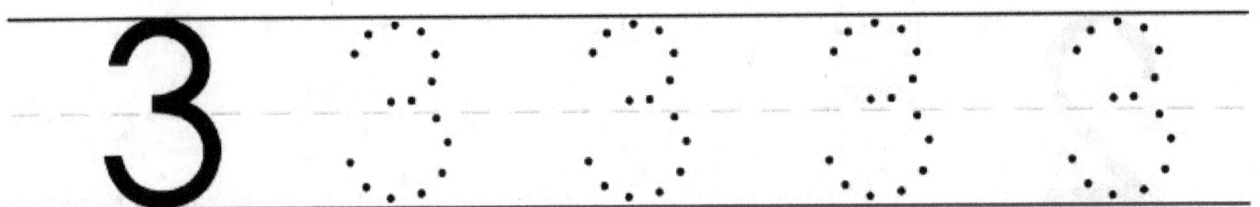
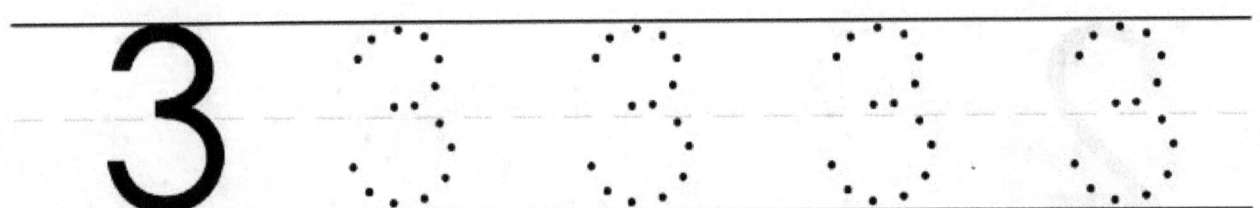

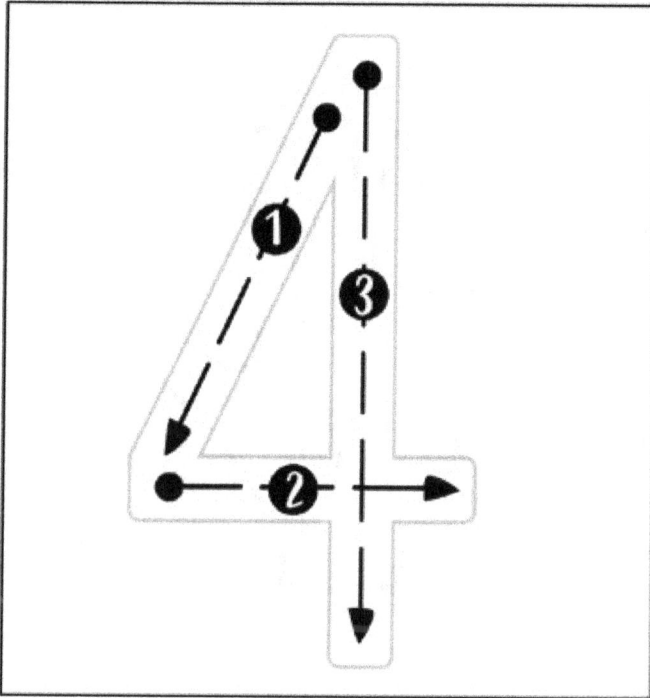
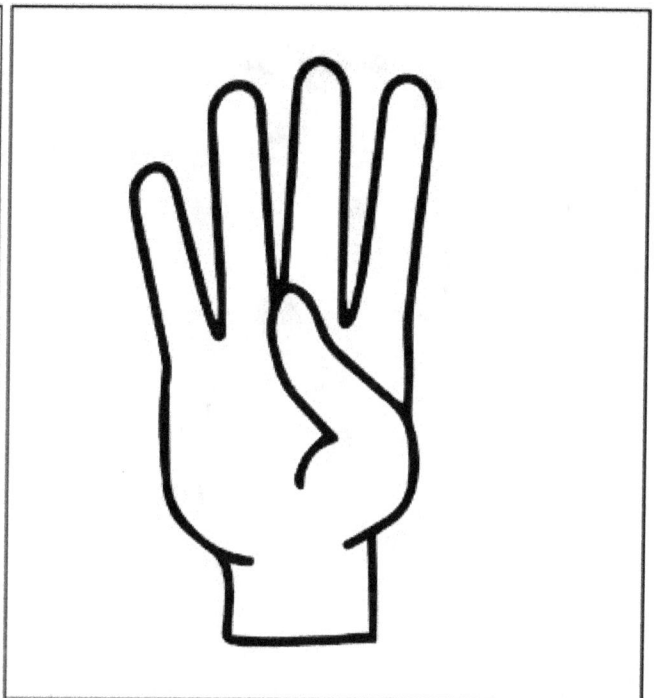

four

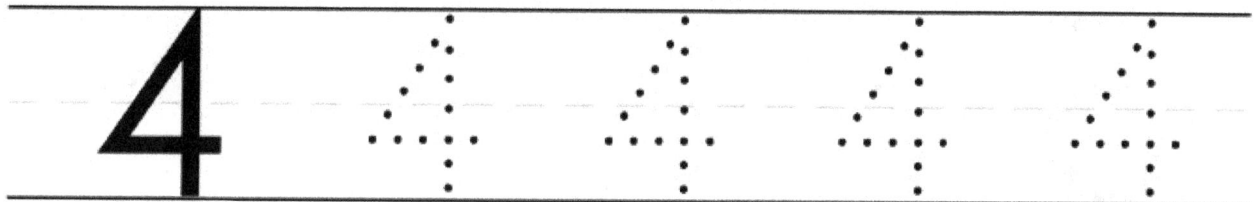

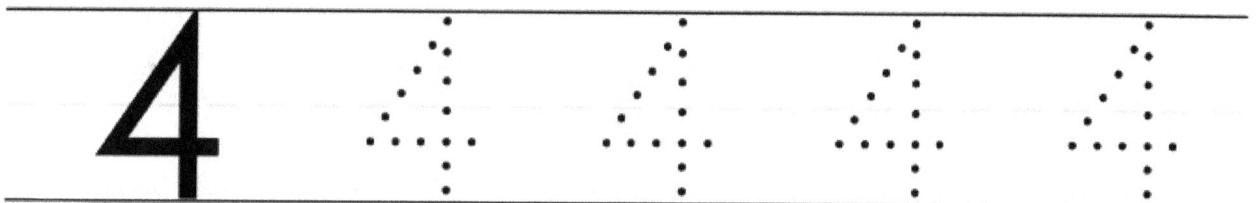

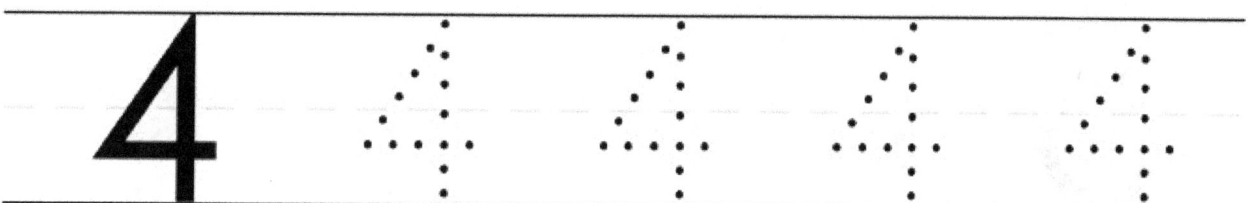

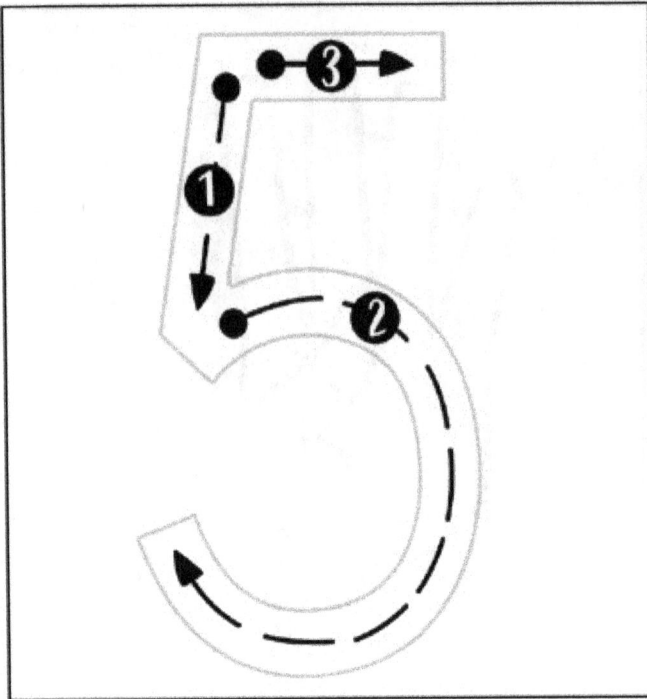

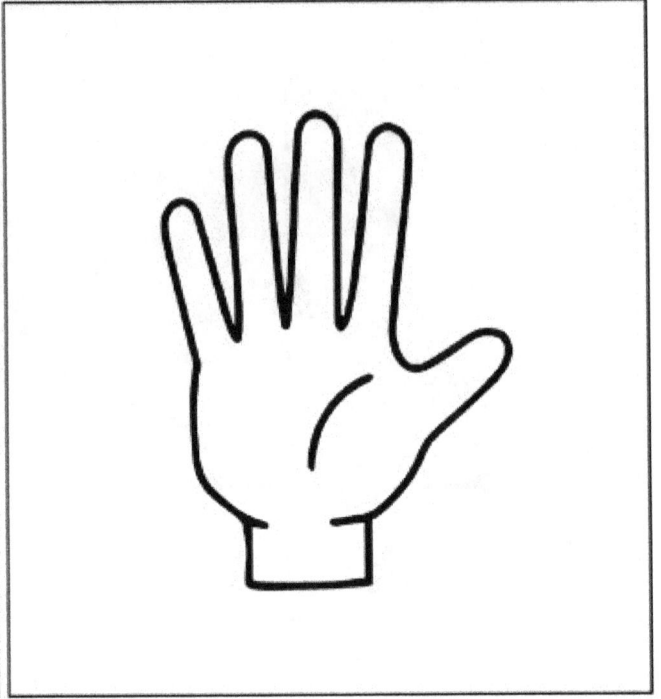

five

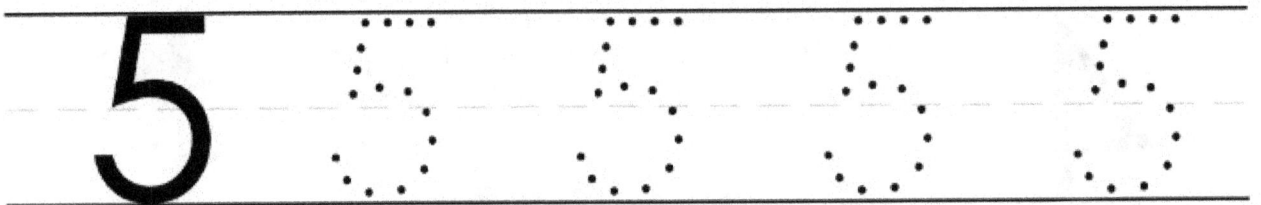

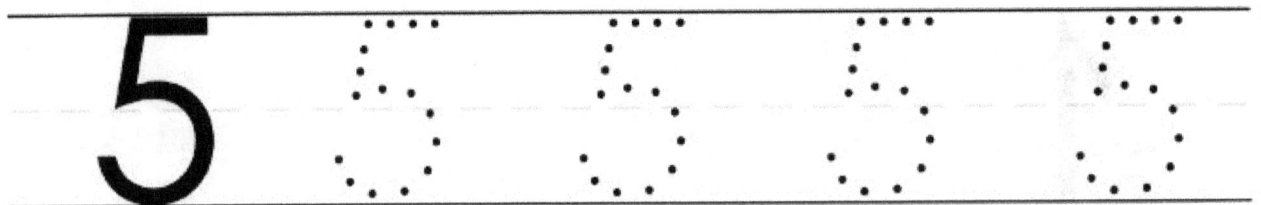

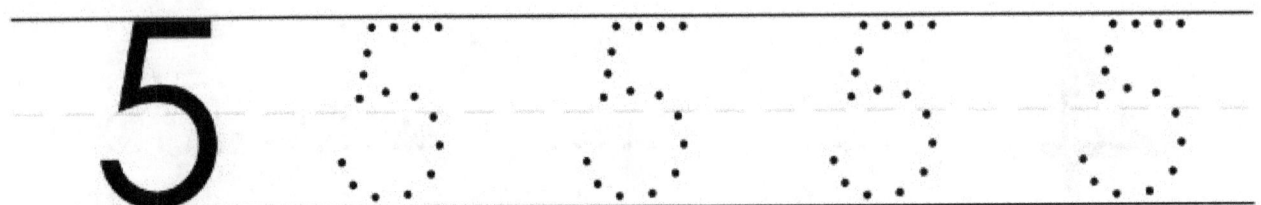

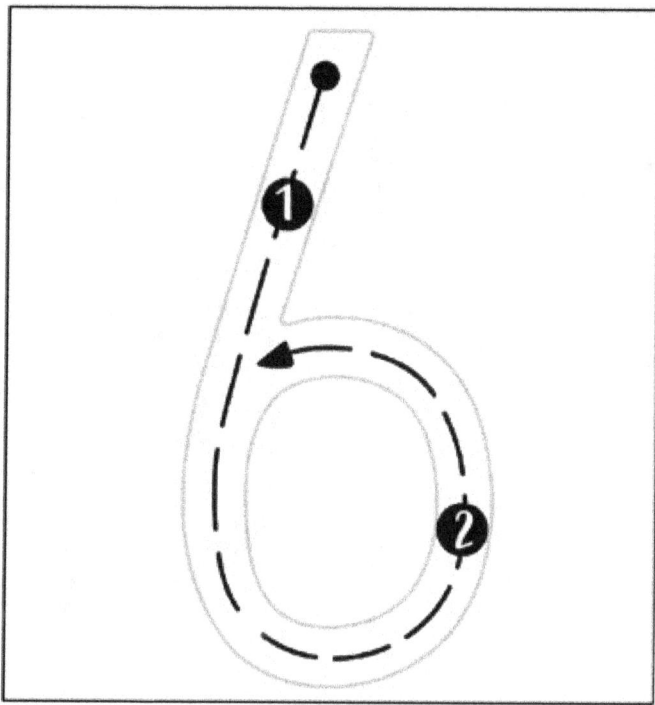

six

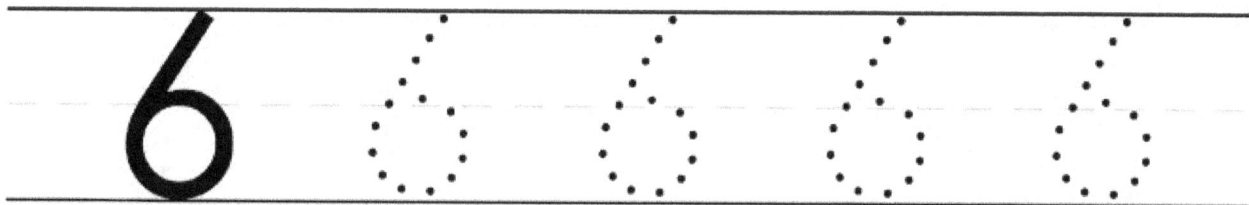
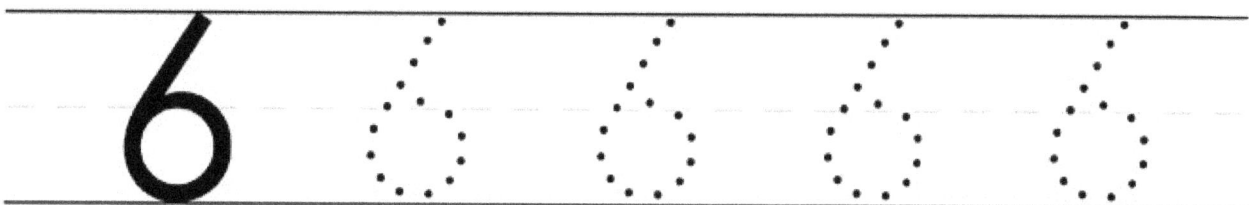
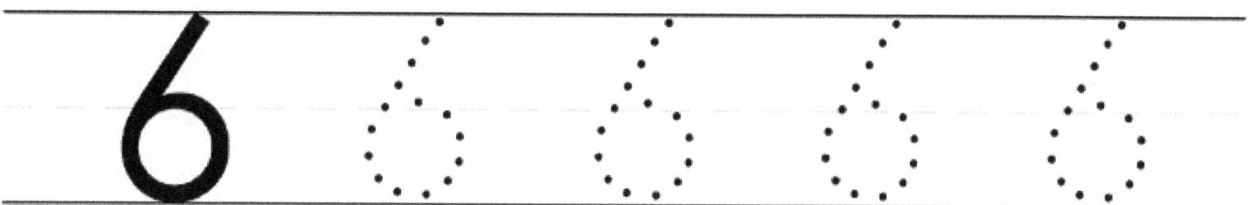

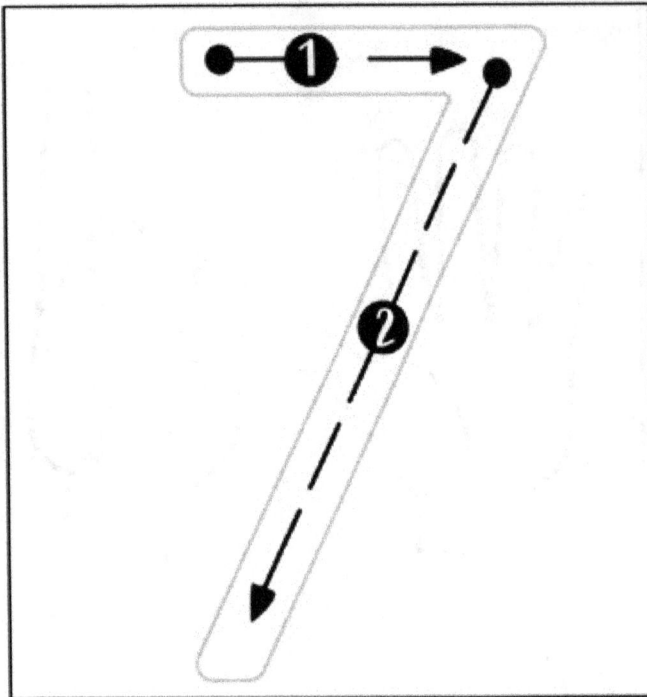

seven

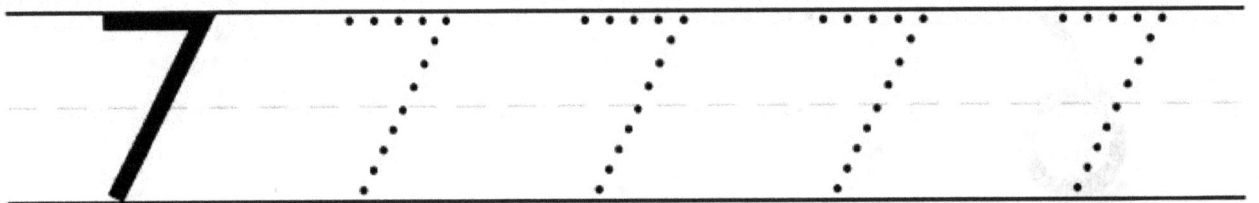

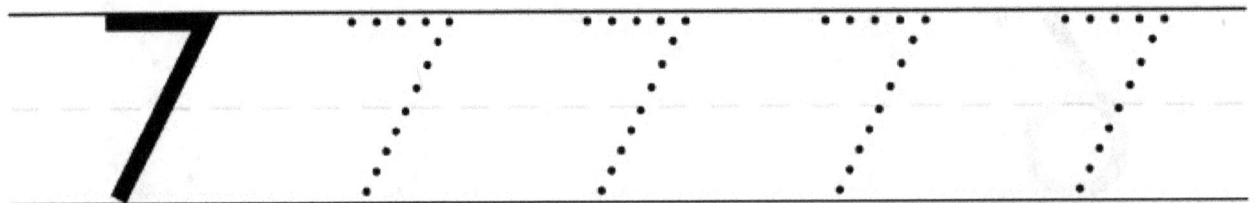

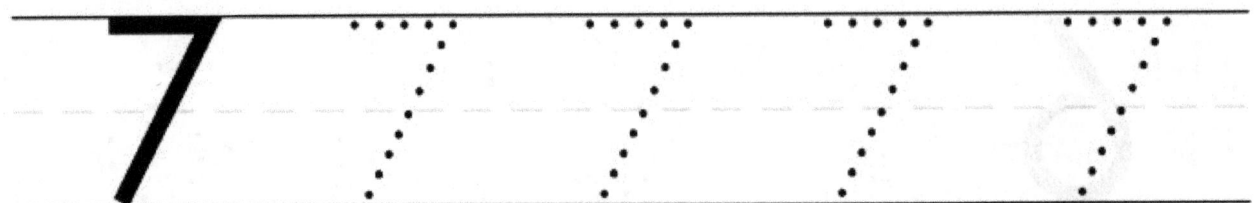

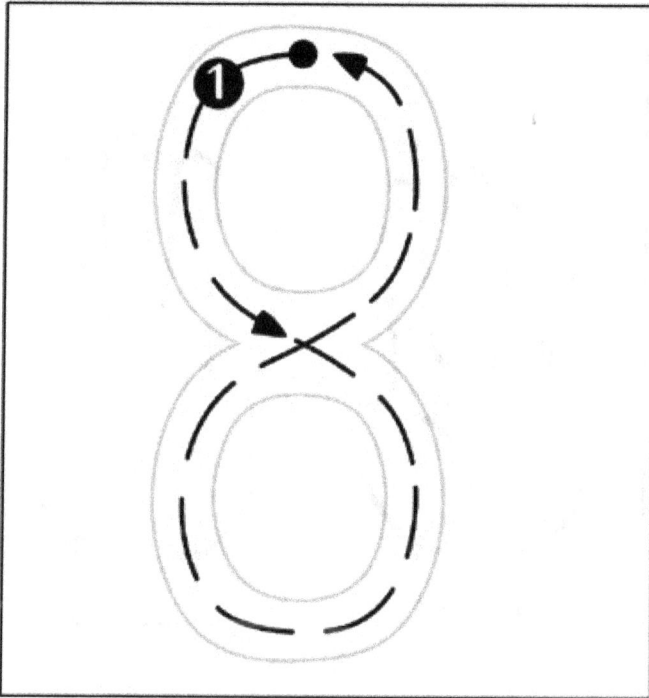
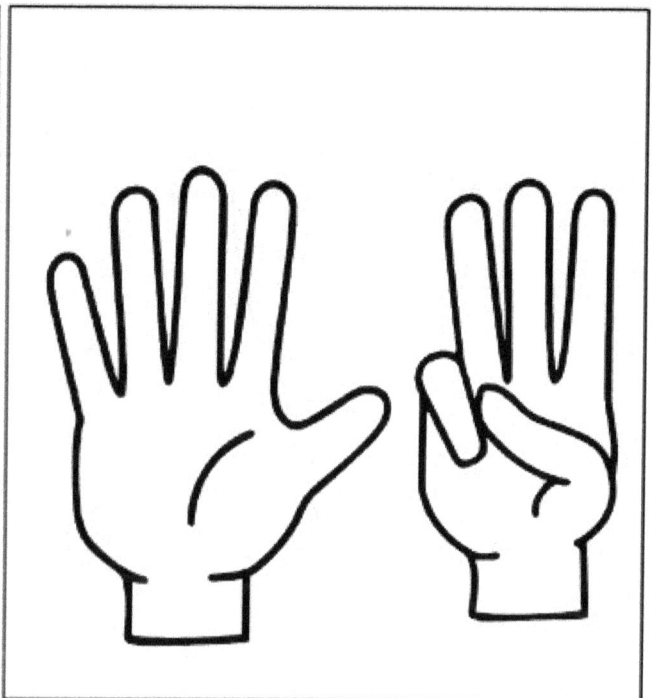

eight

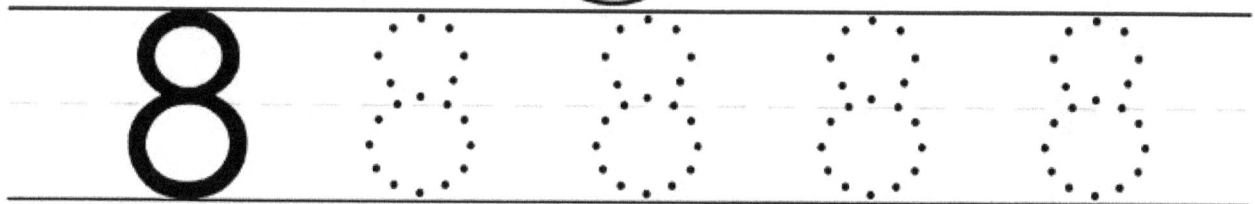

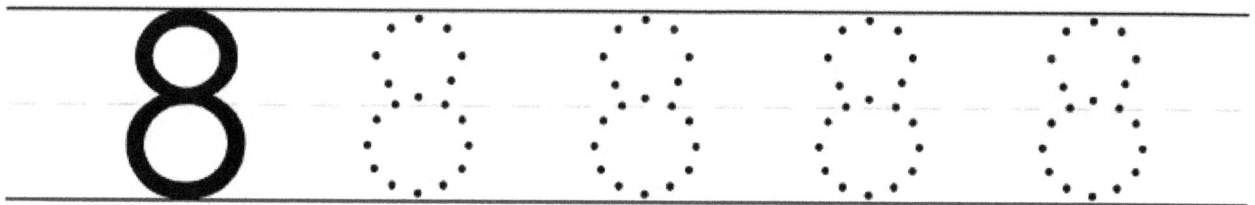

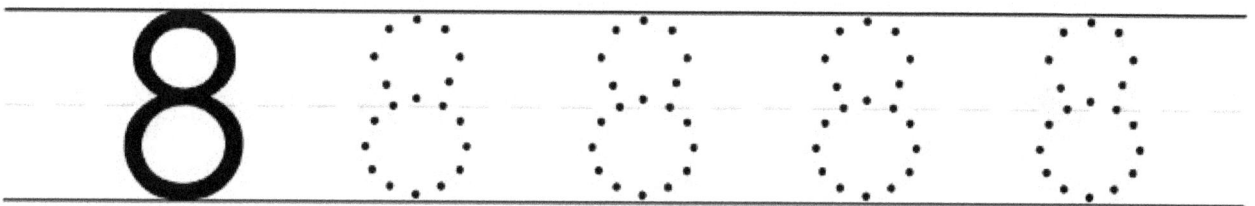

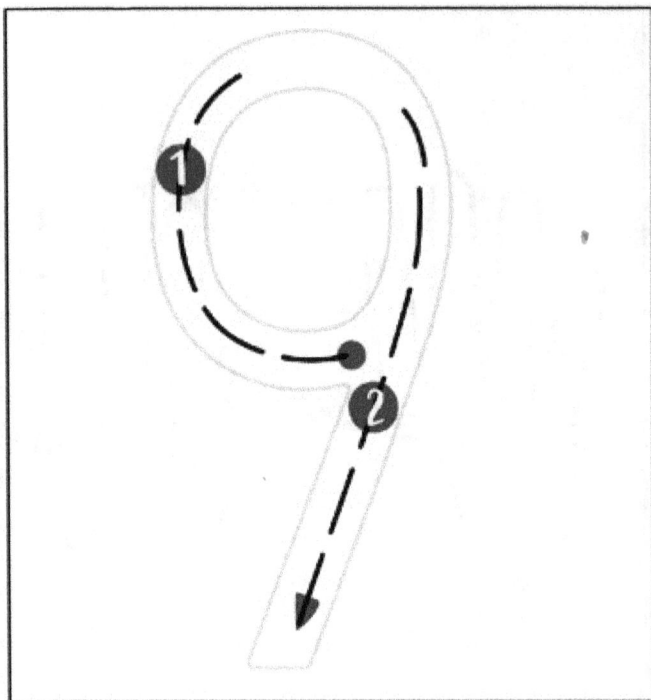
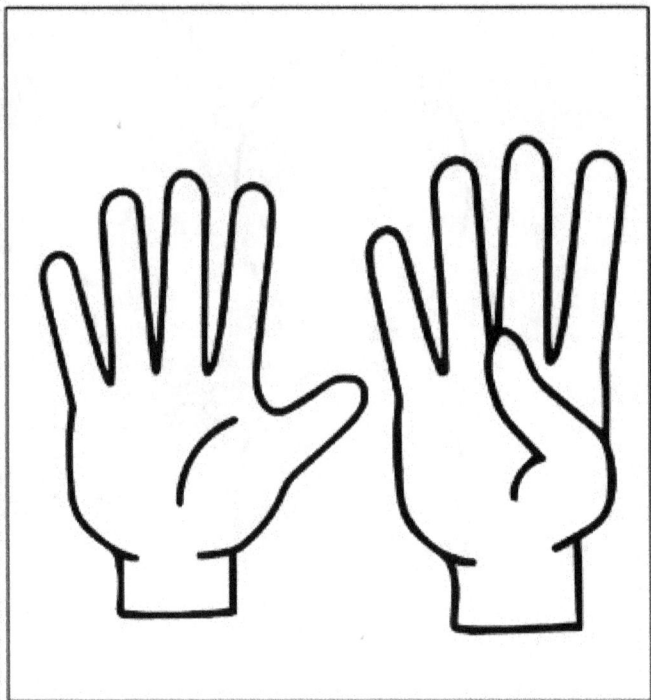

nine

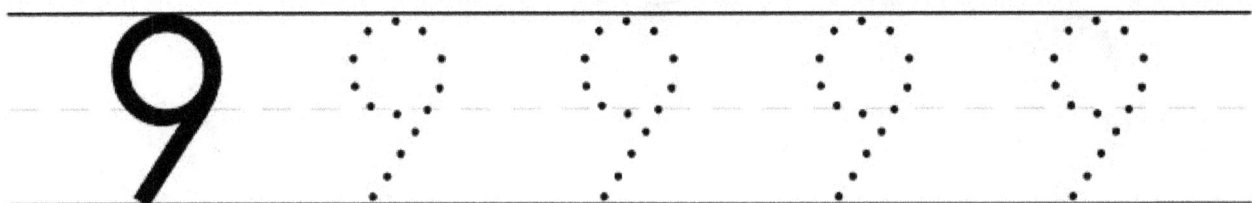

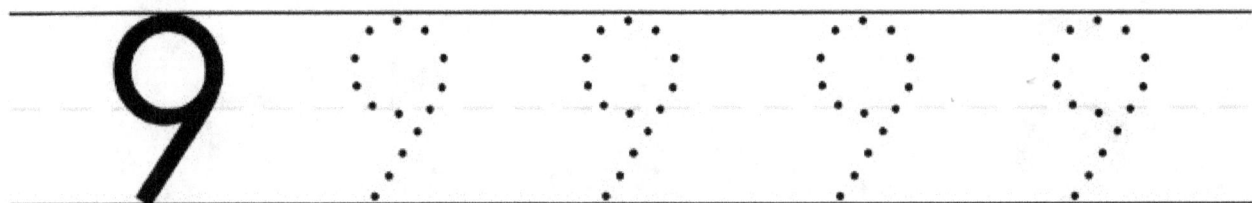

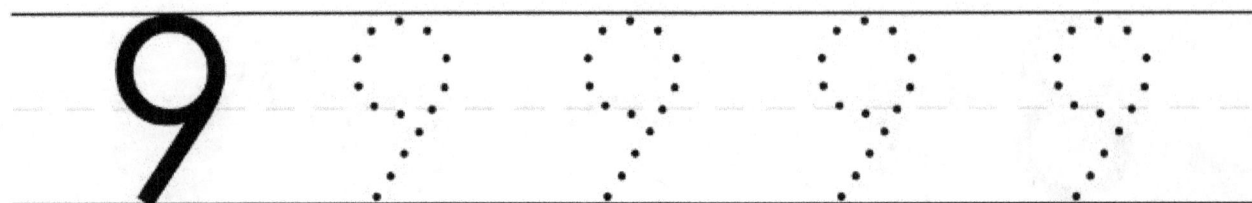

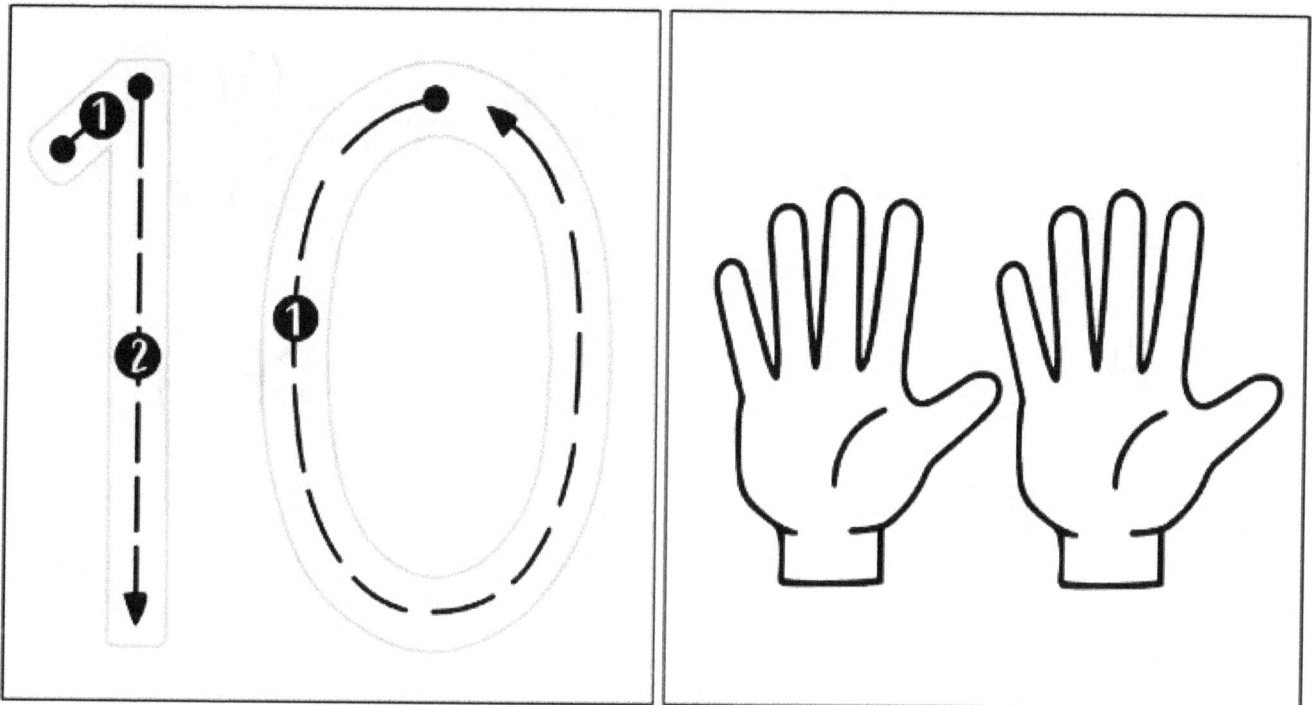

ten

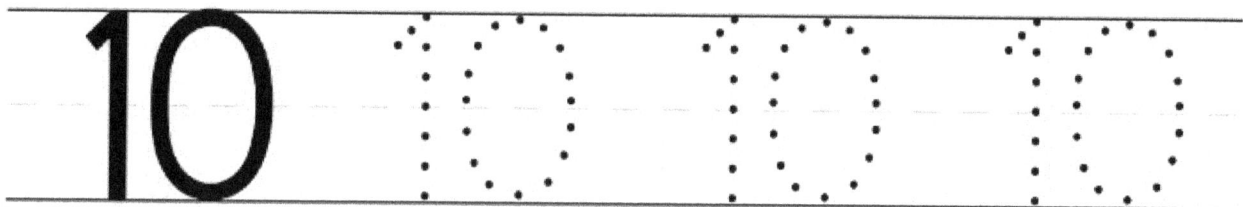

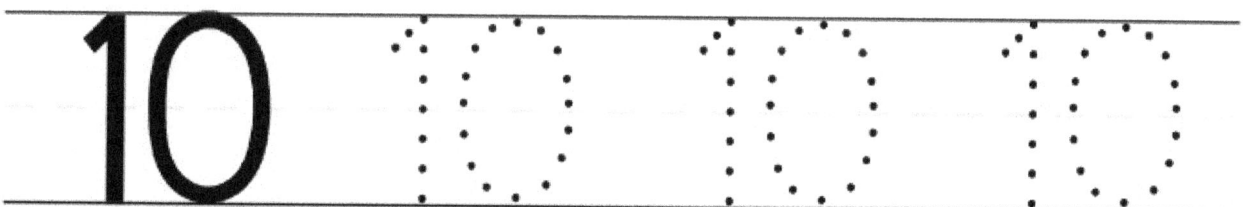

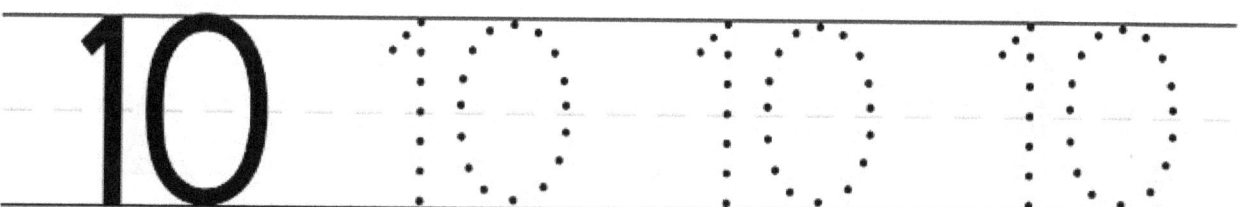

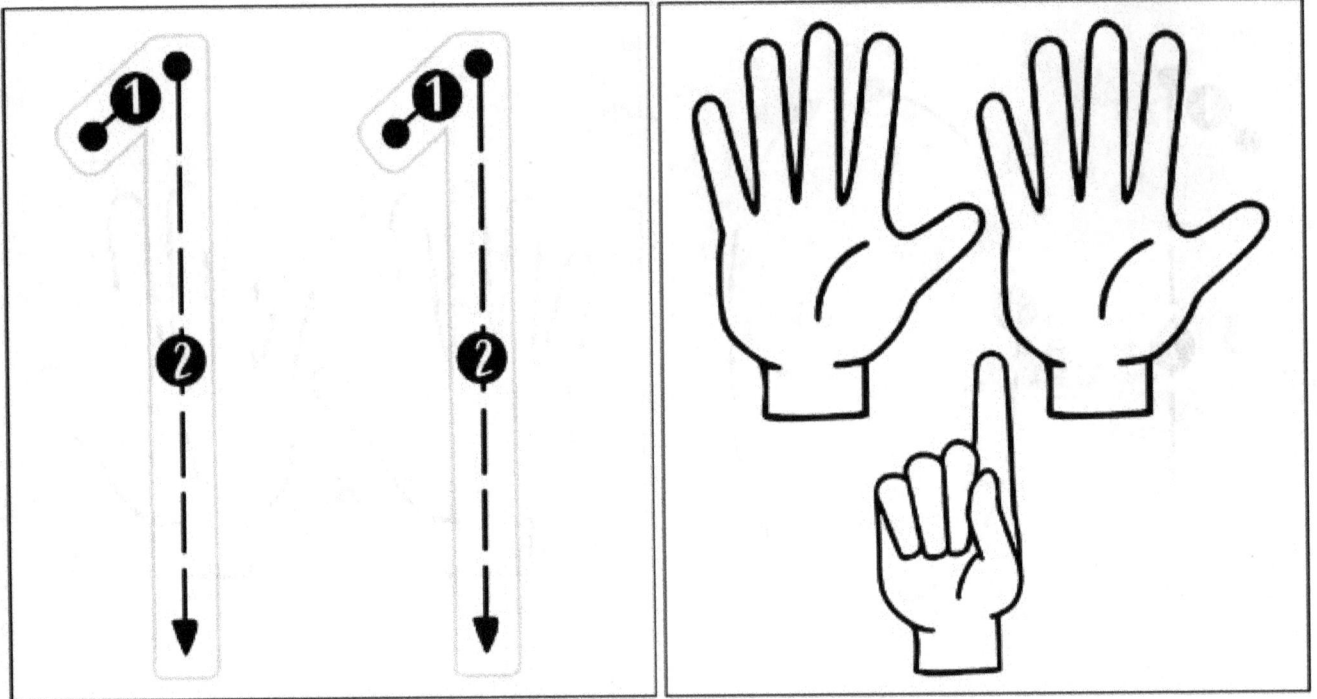

eleven

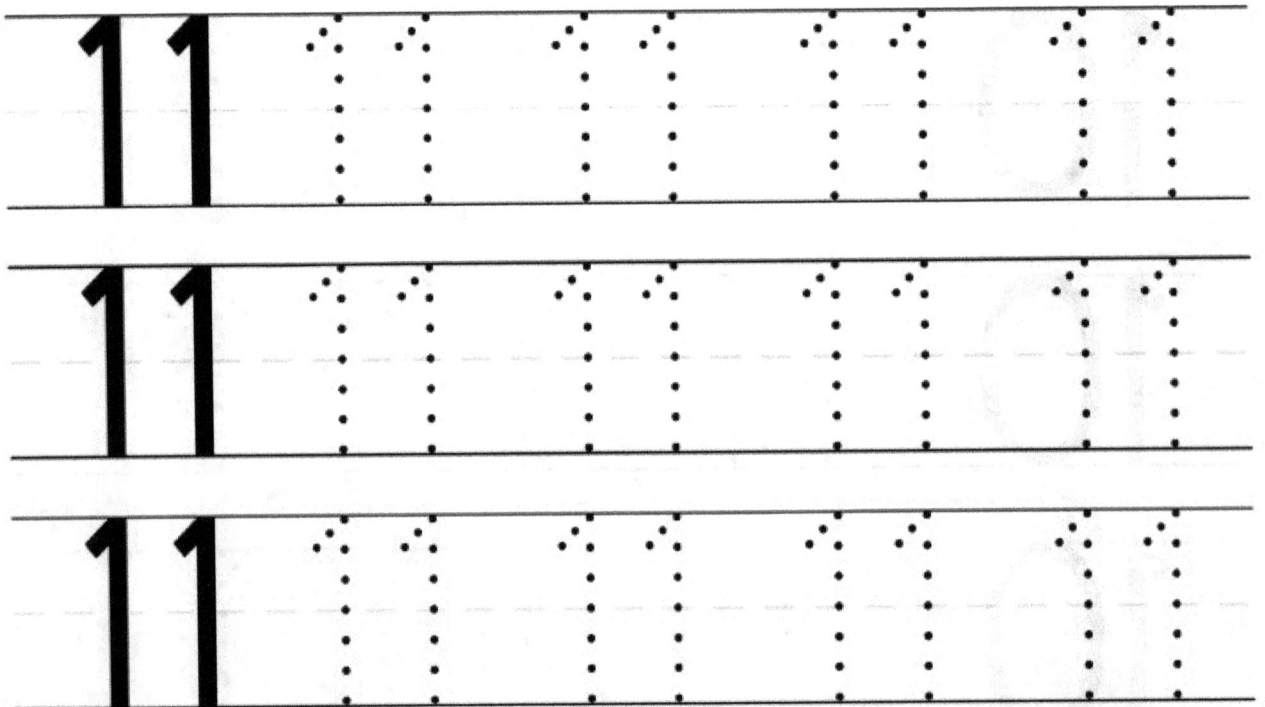

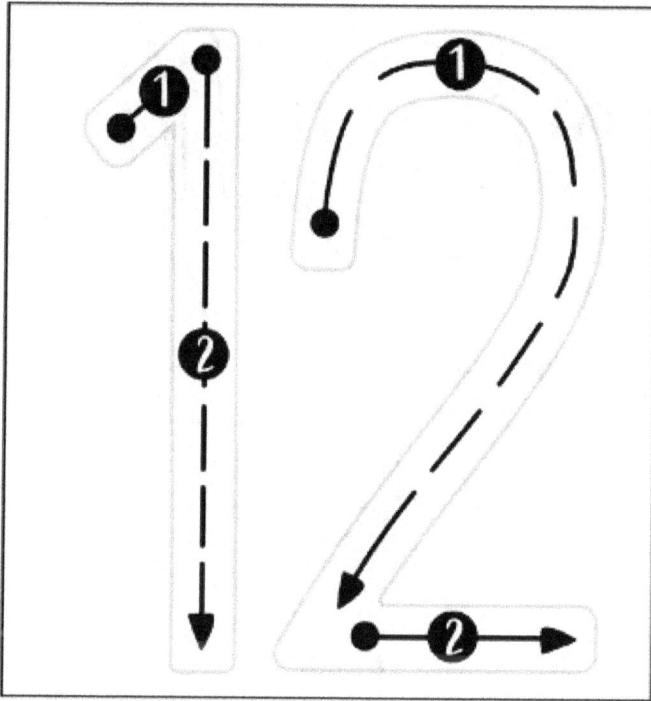
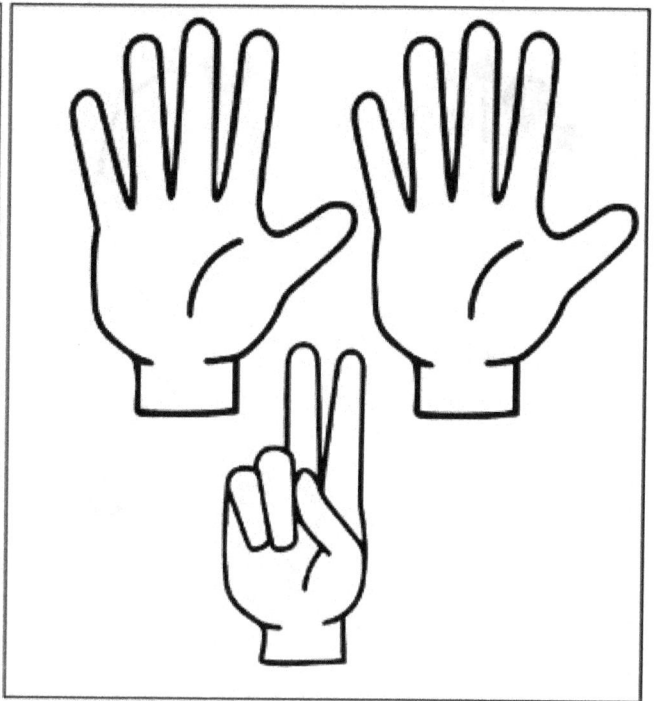

twelve

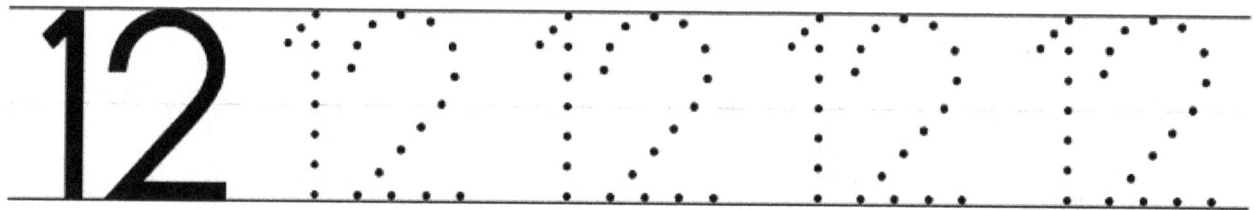

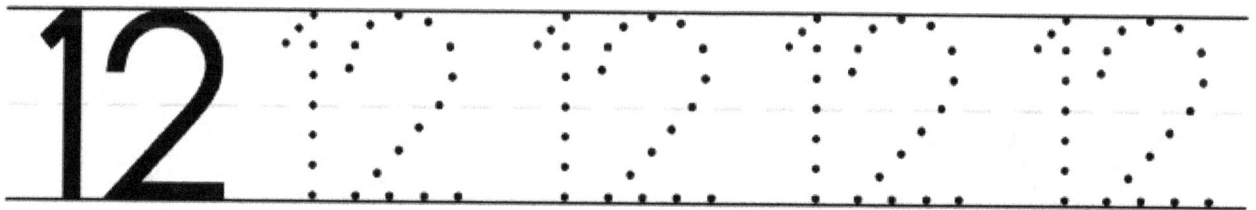

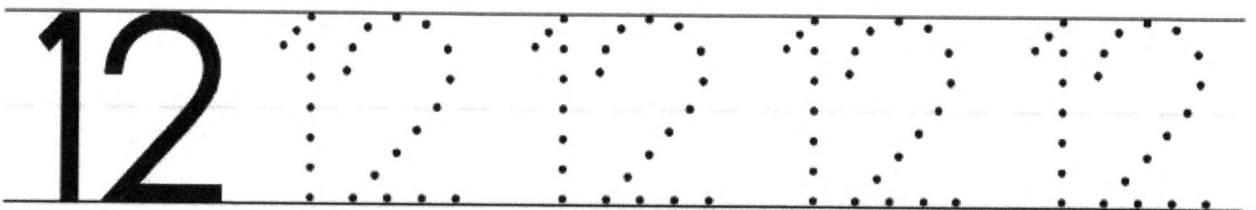

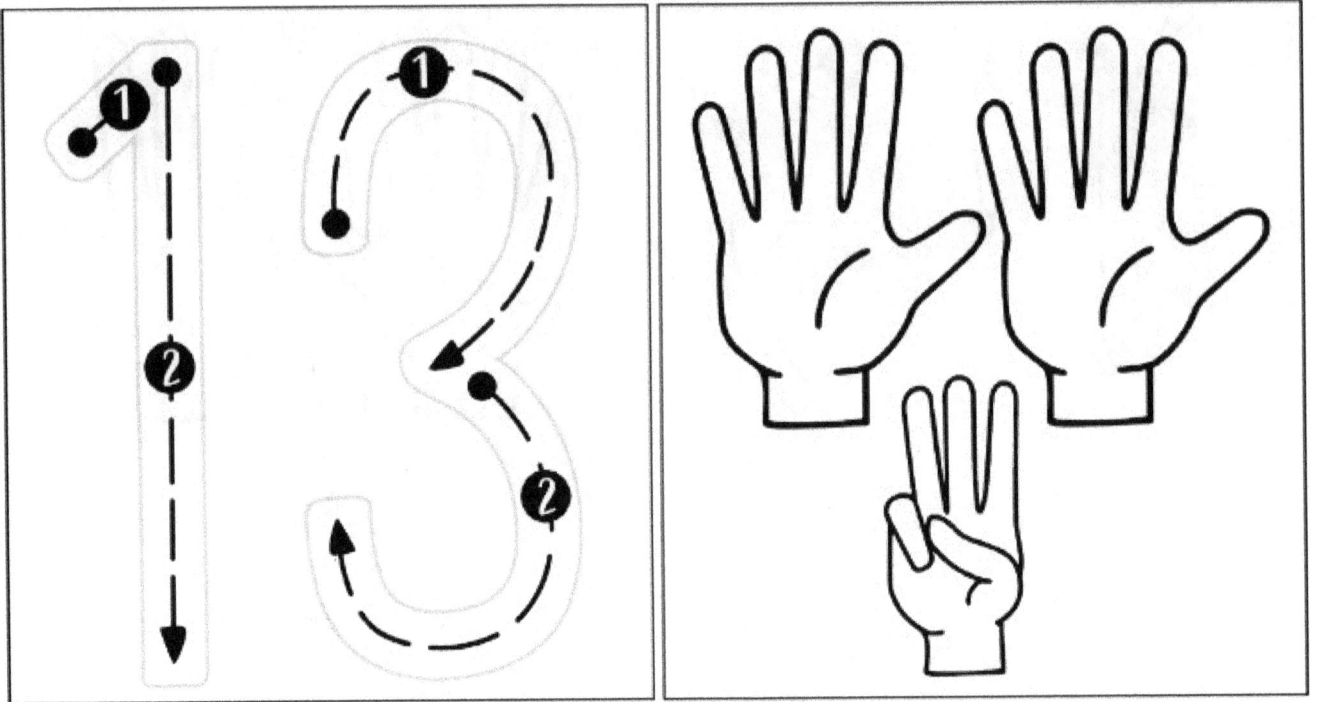

thirteen

13   13   13   13   13

13   13   13   13   13

13   13   13   13   13

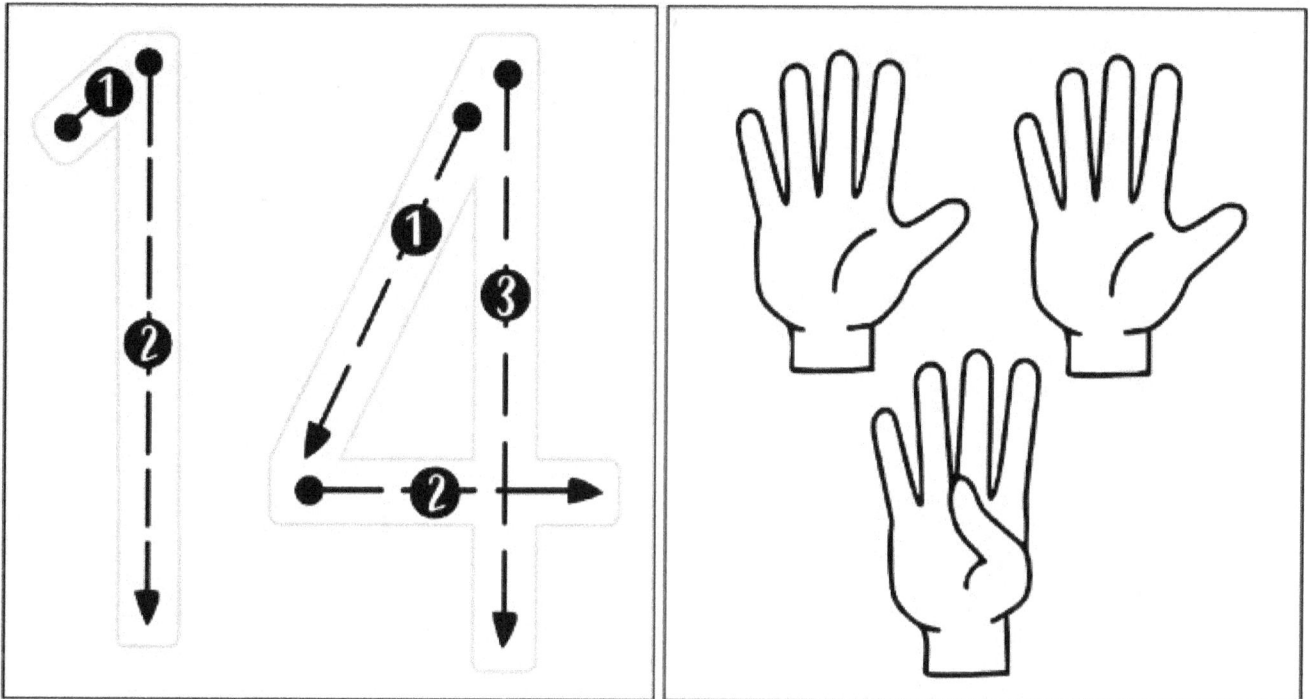

fourteen

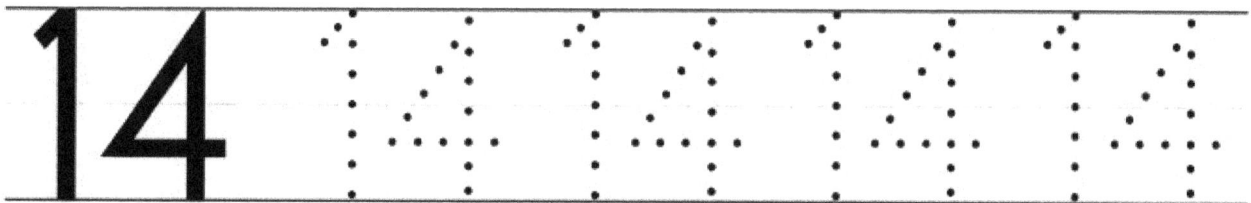

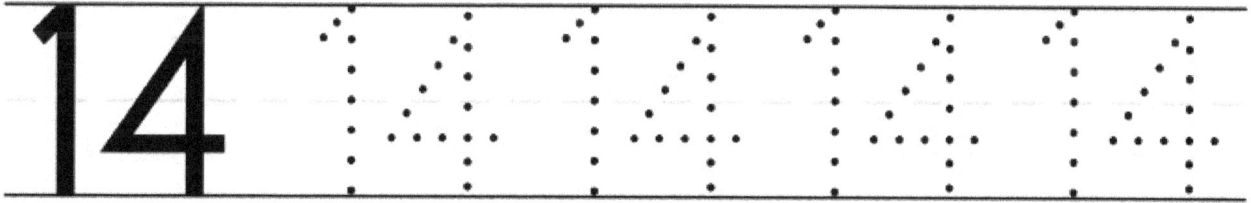

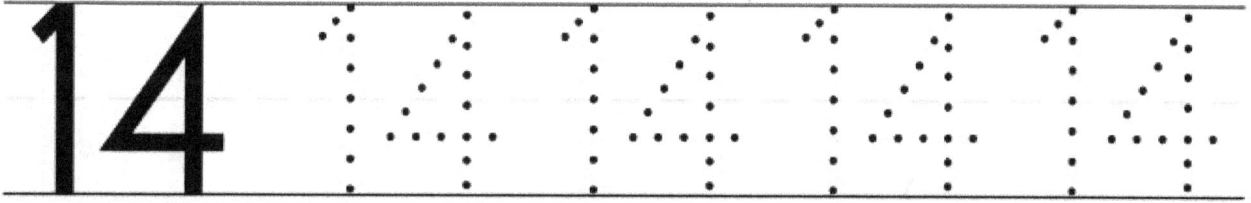

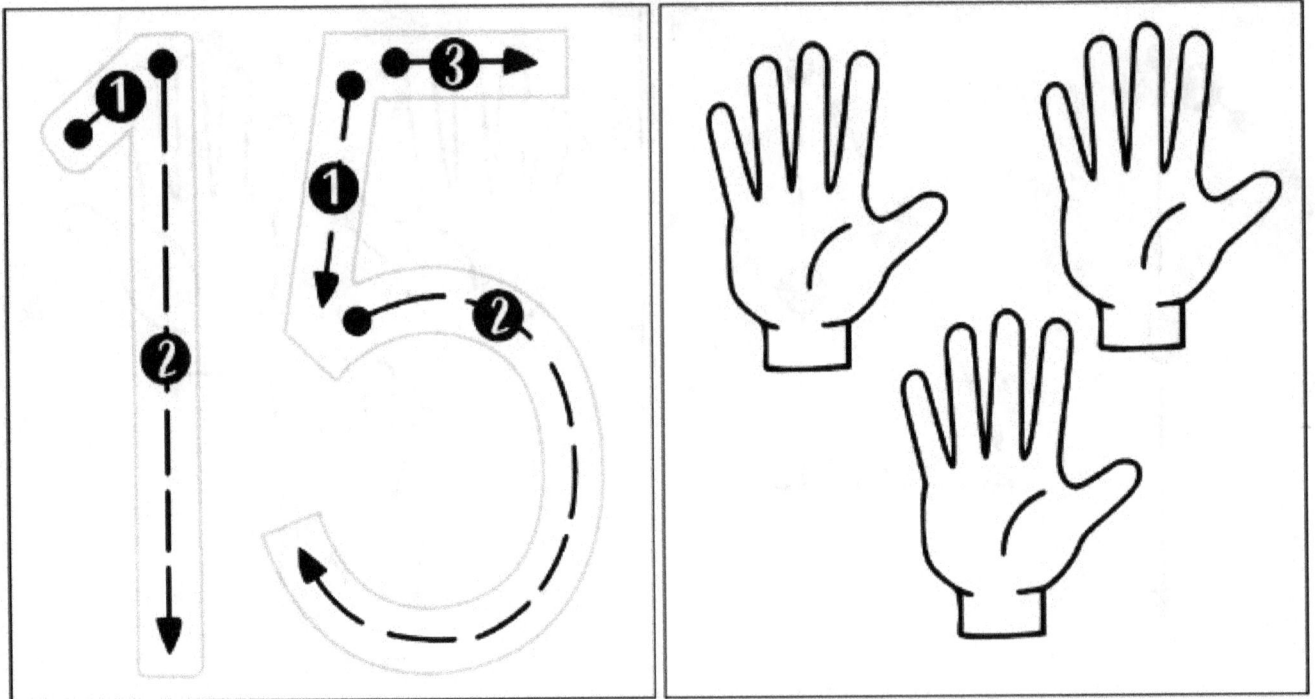

fifteen

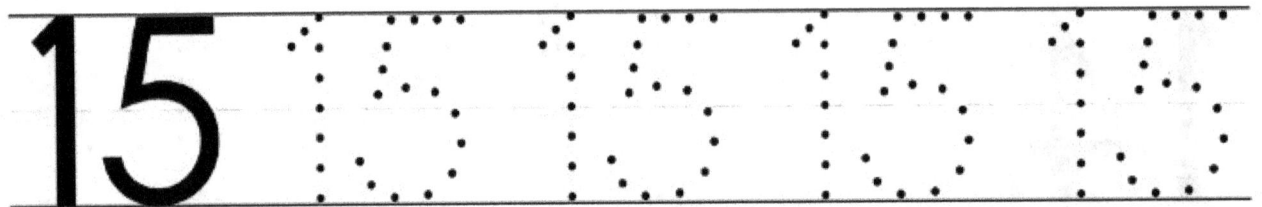

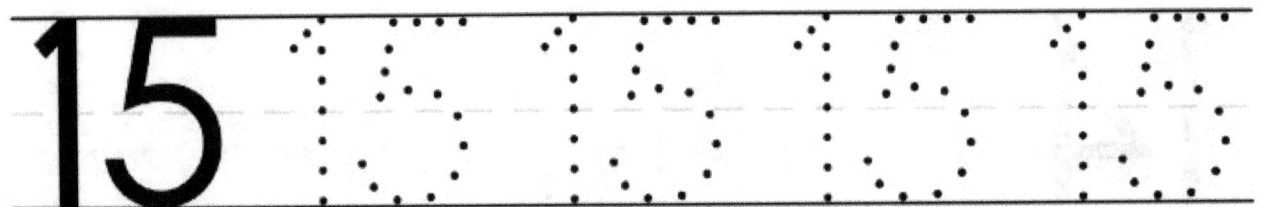

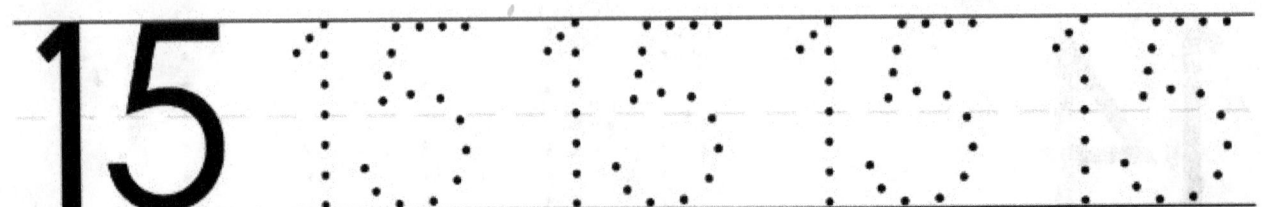

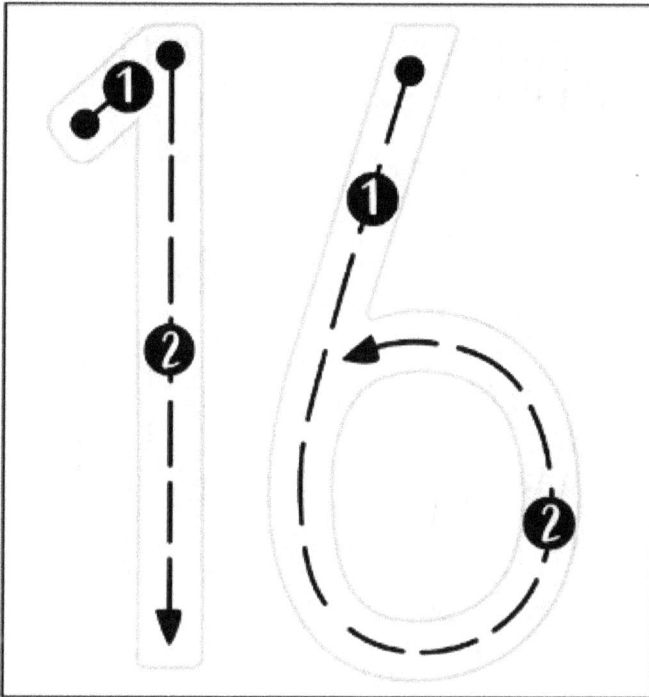

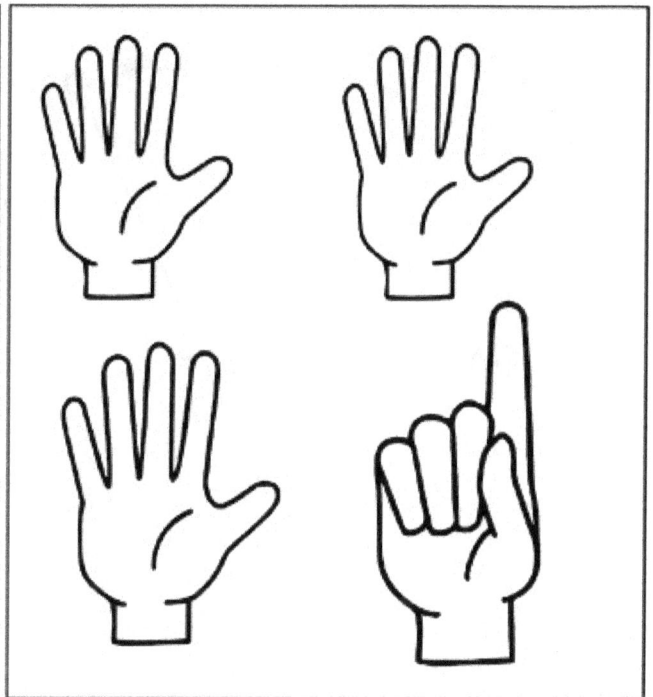

sixteen

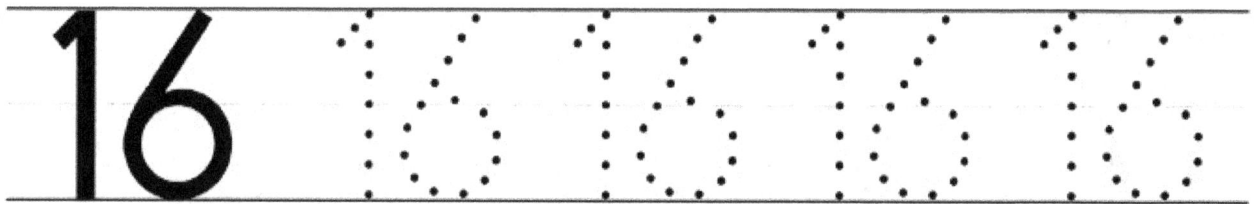

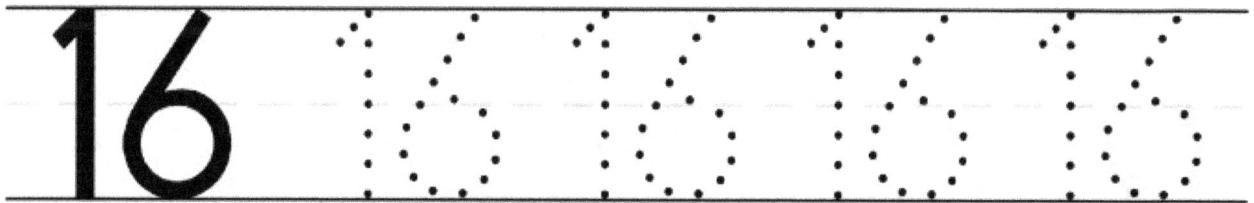

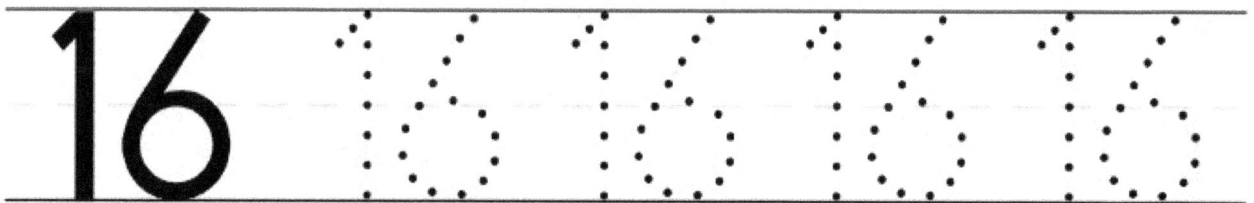

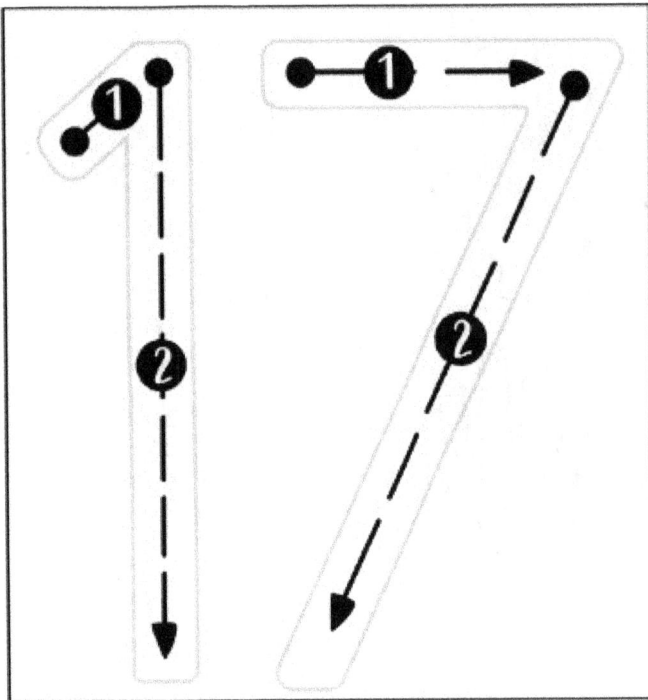
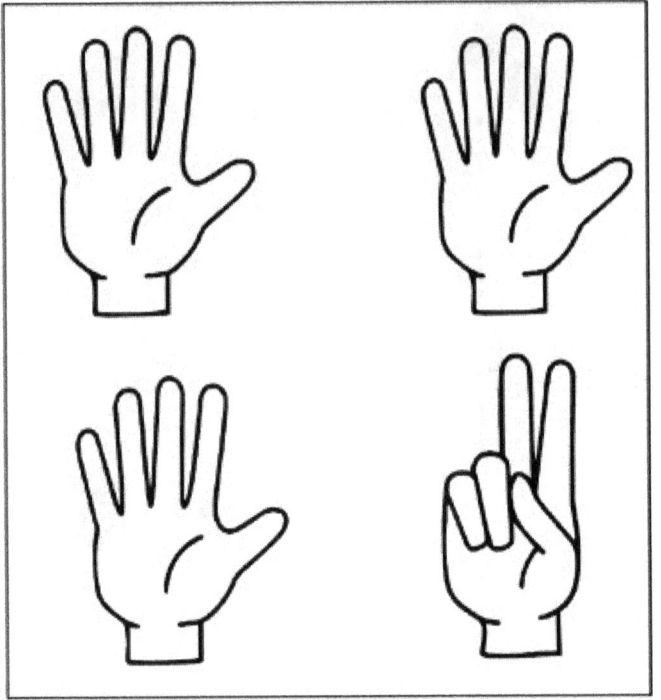

seventeen

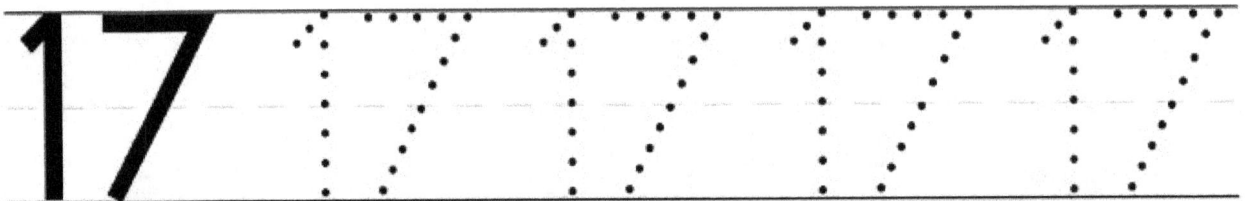

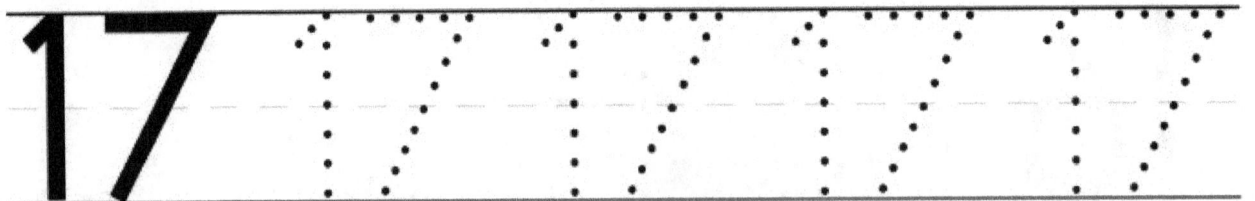

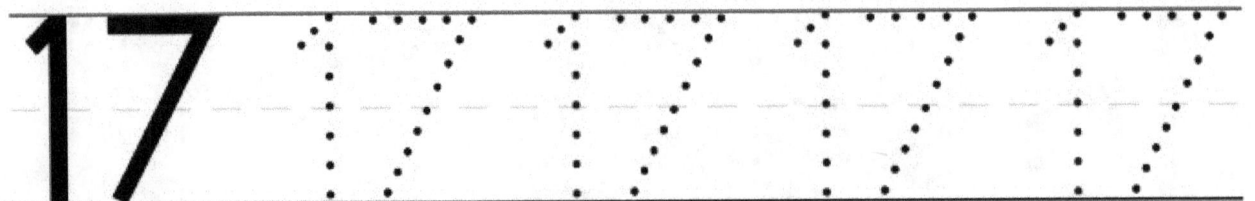

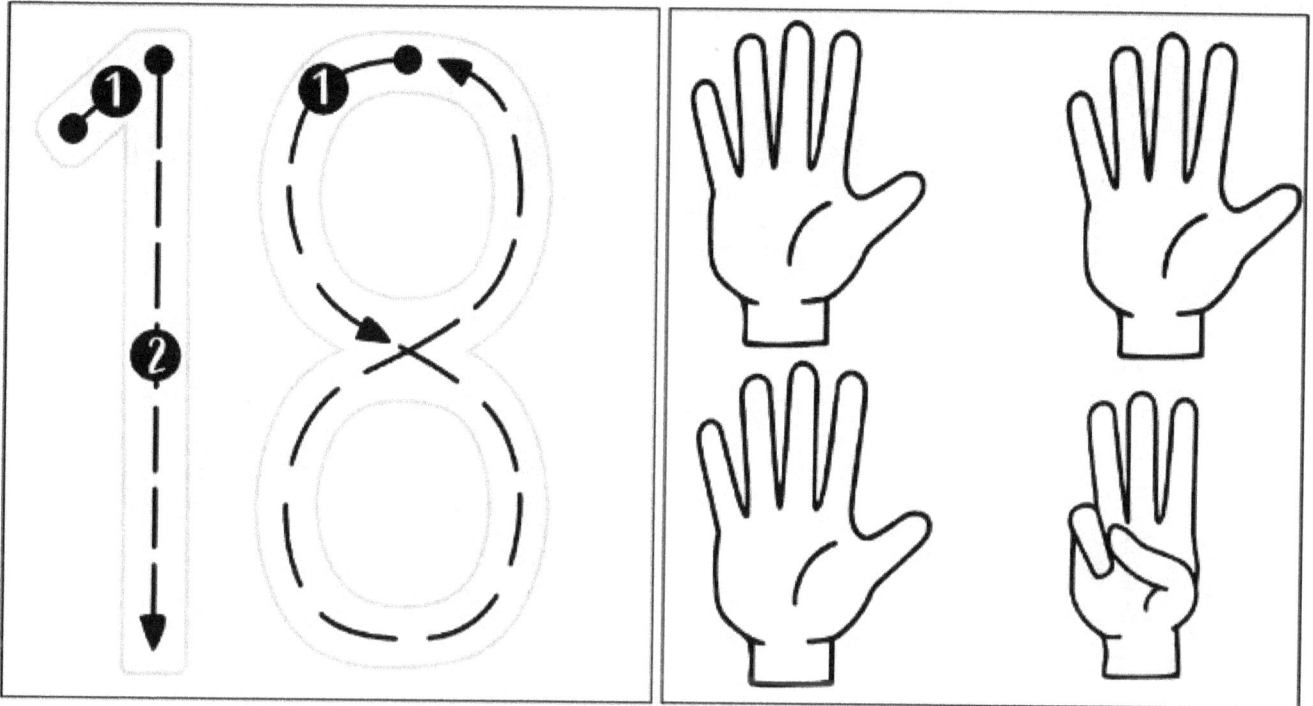

eighteen

18   18 18 18 18

18   18 18 18 18

18   18 18 18 18

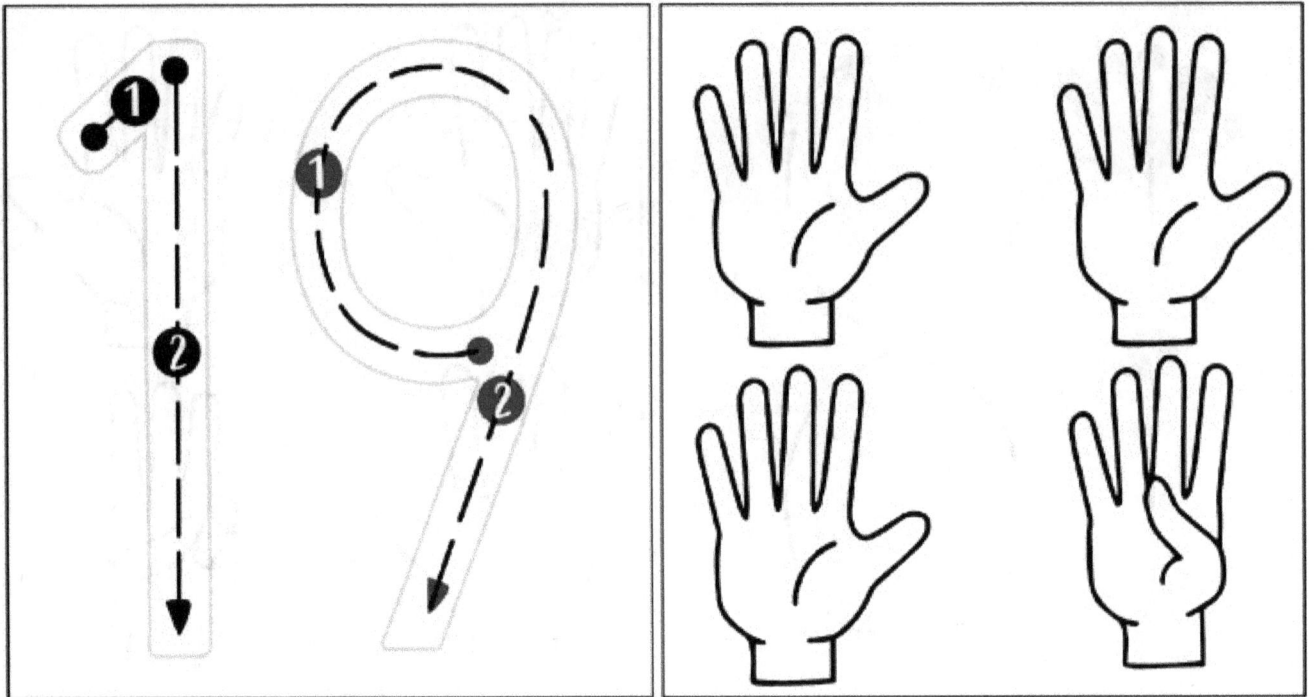

nineteen

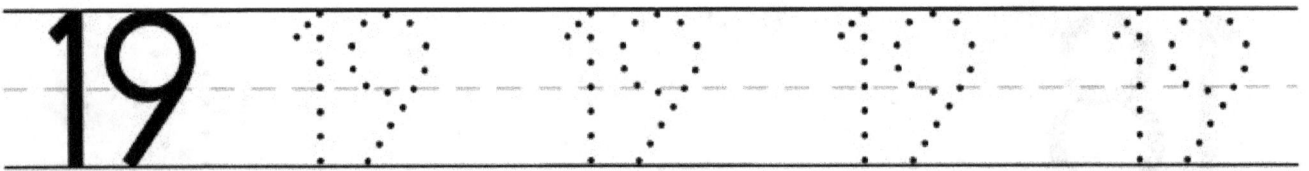

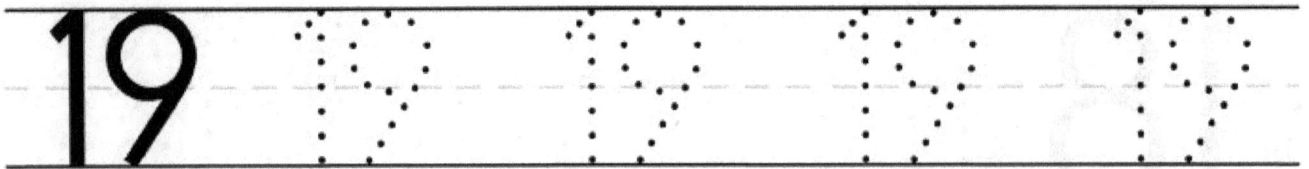

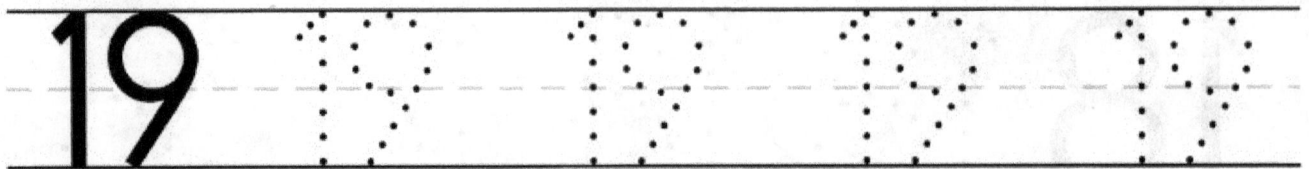

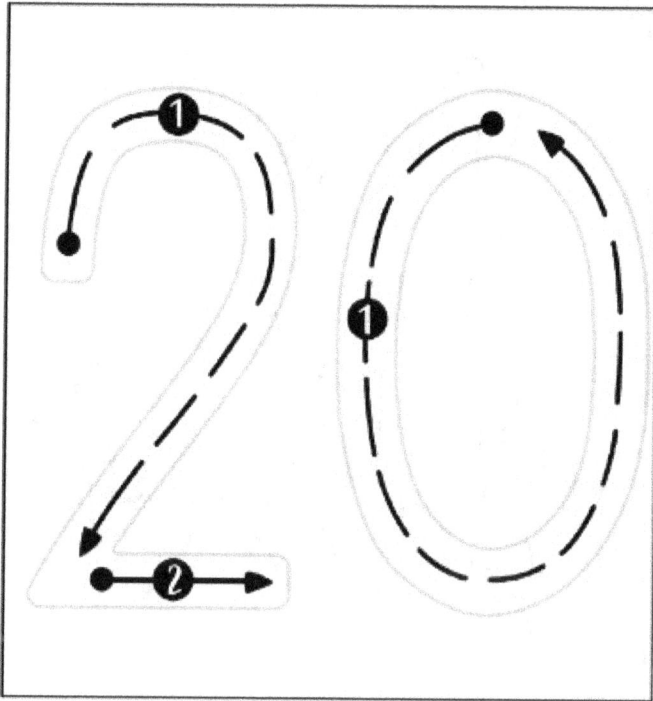 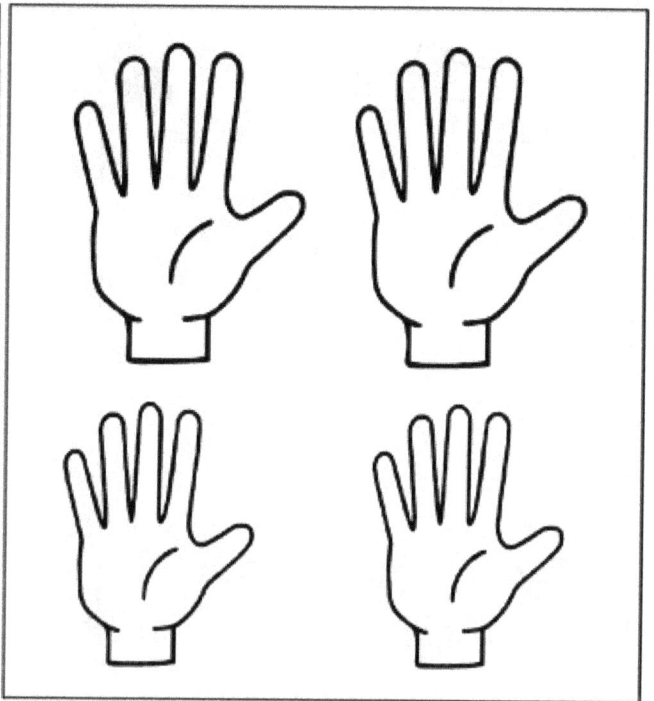

twenty

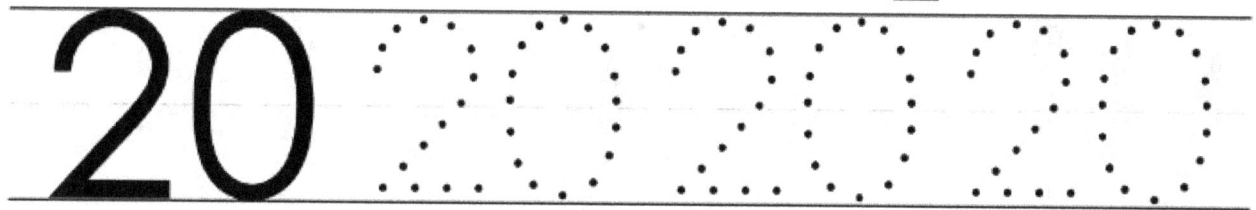

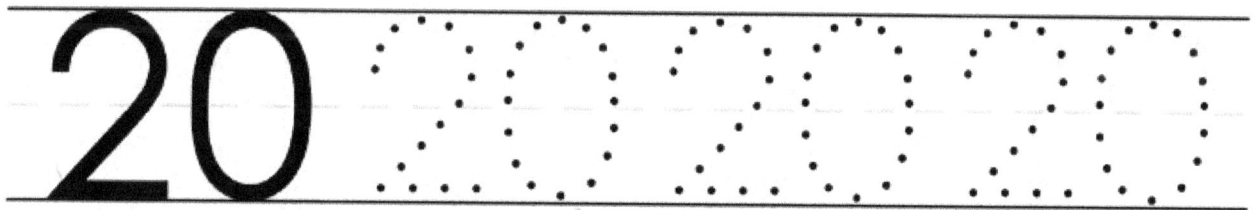

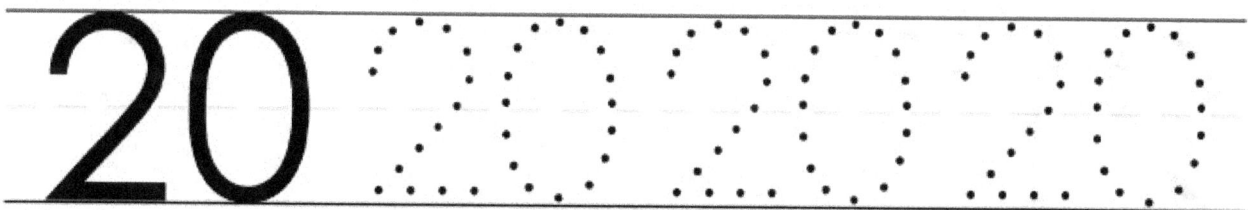

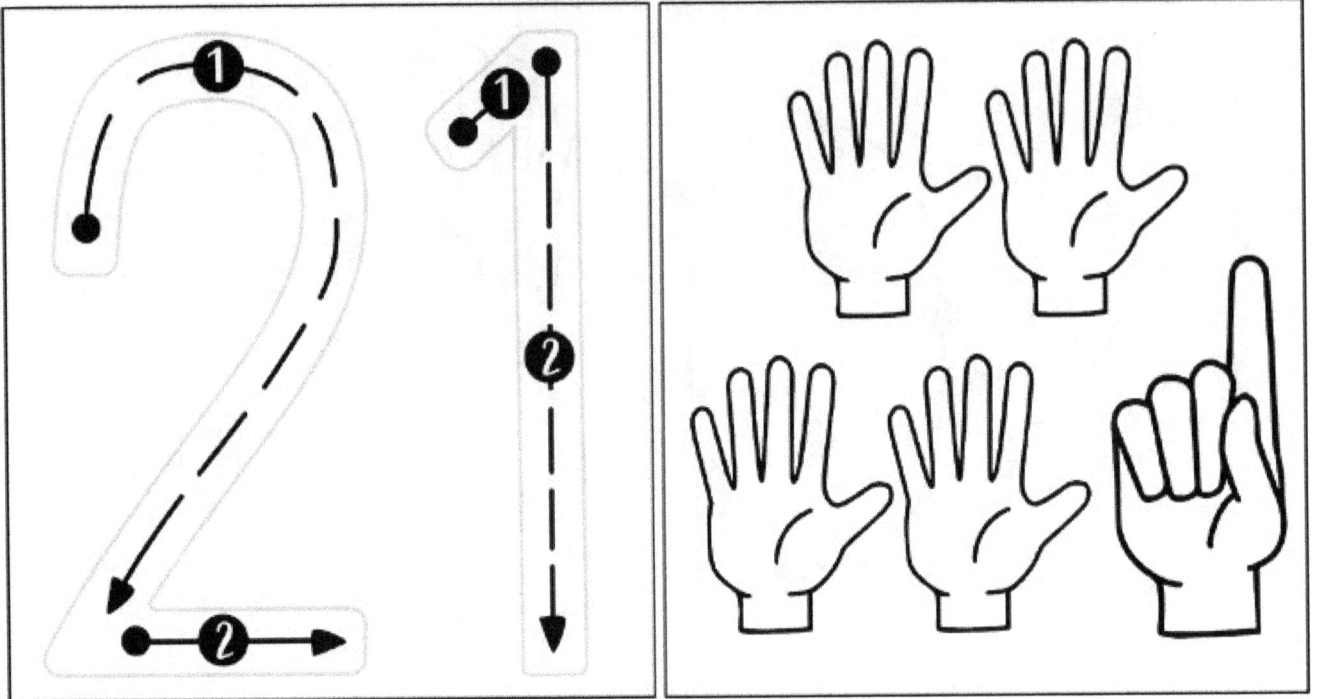

twenty- one

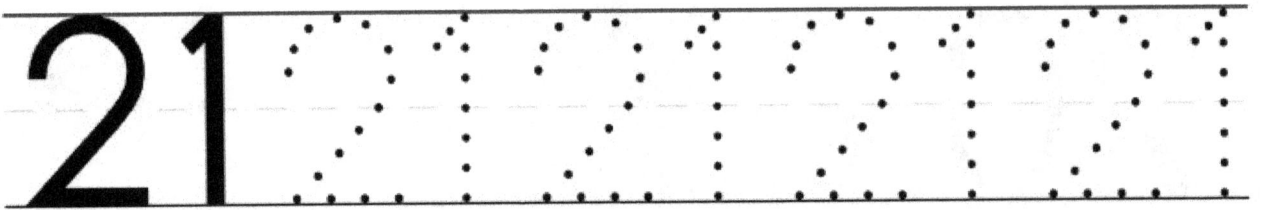

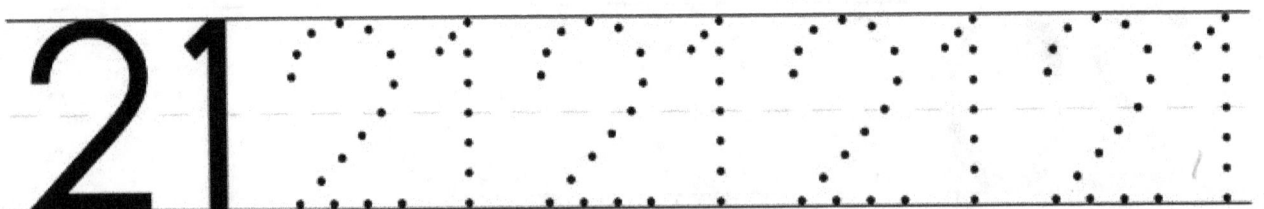

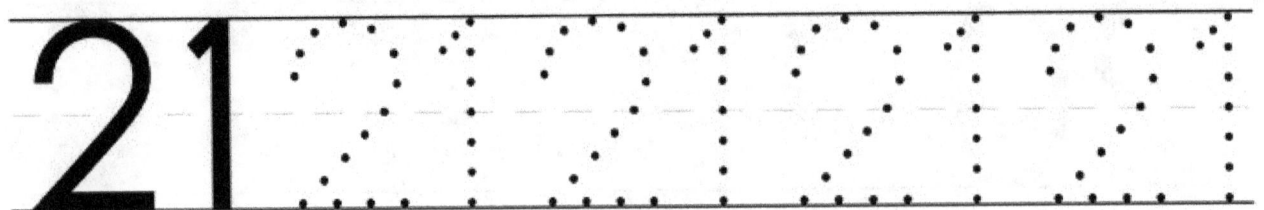

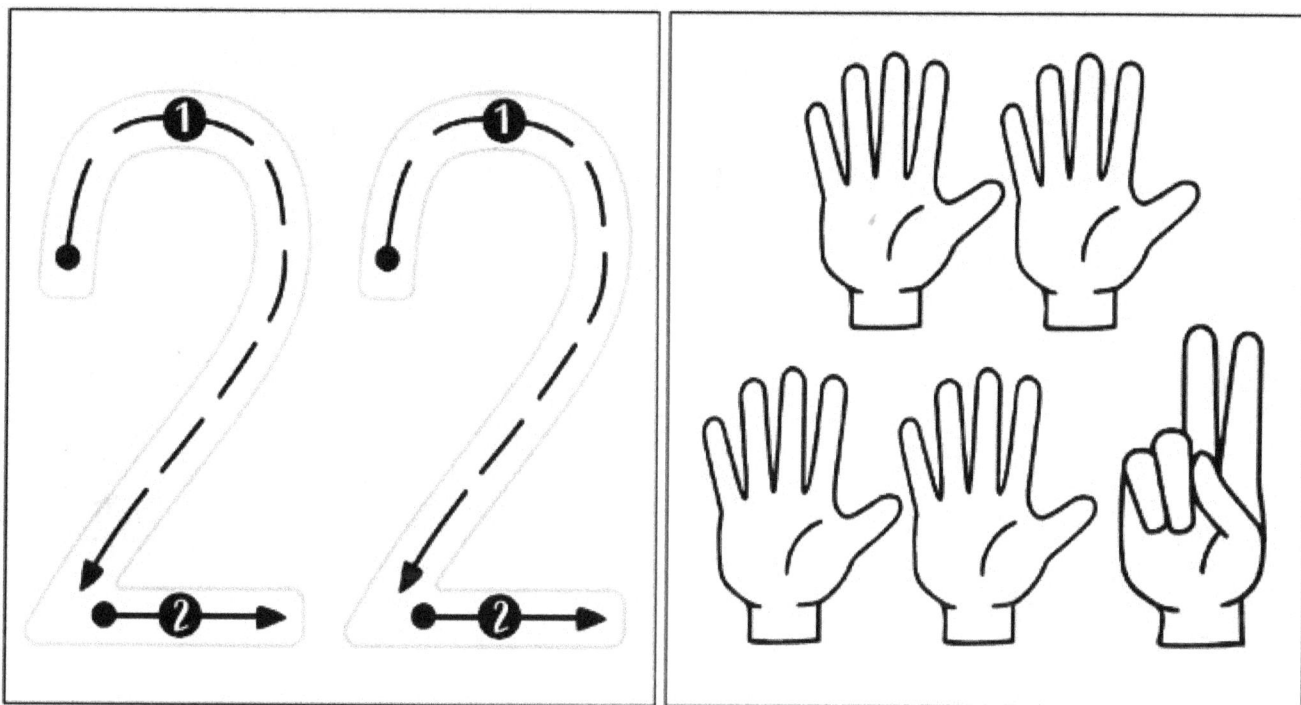

twenty- two

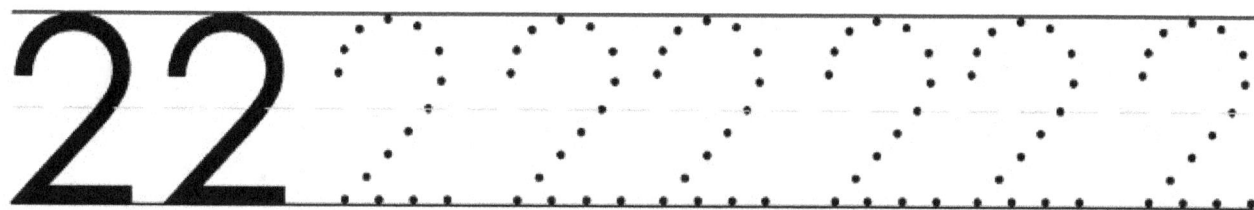

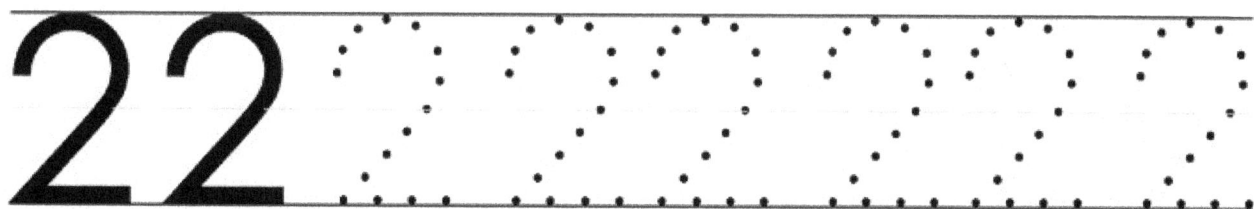

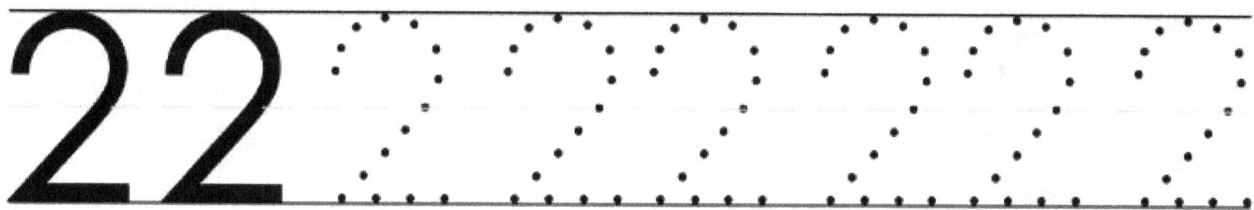

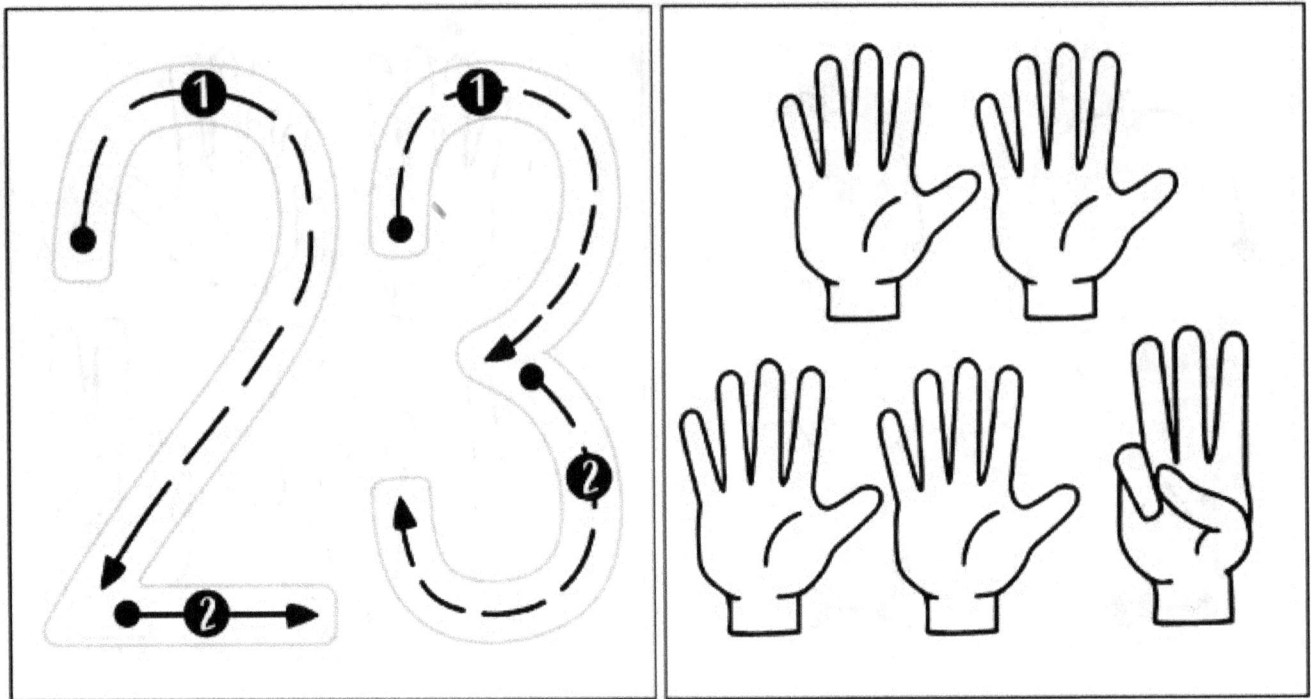

twenty- three

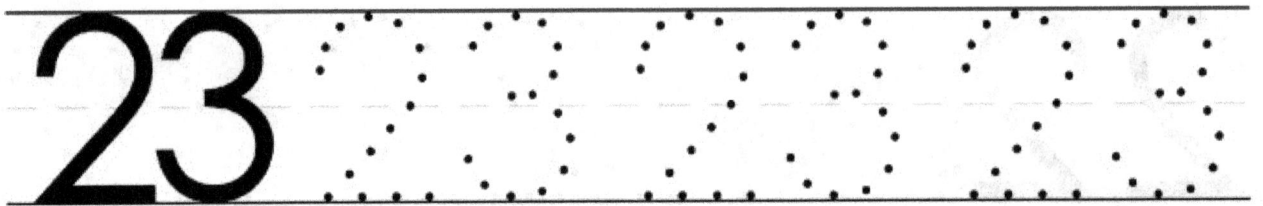

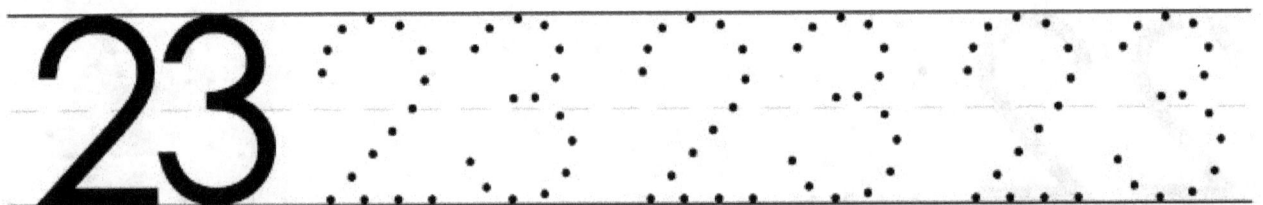

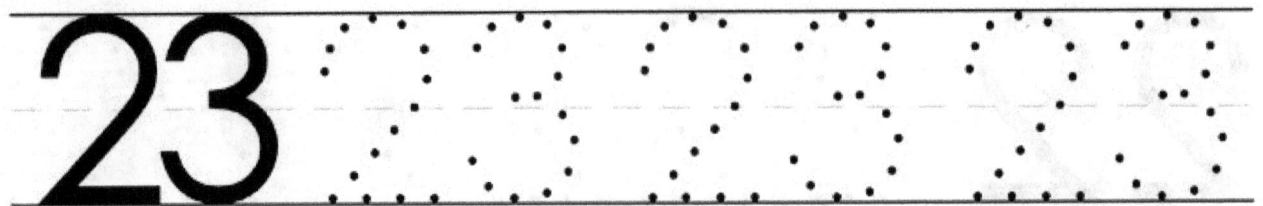

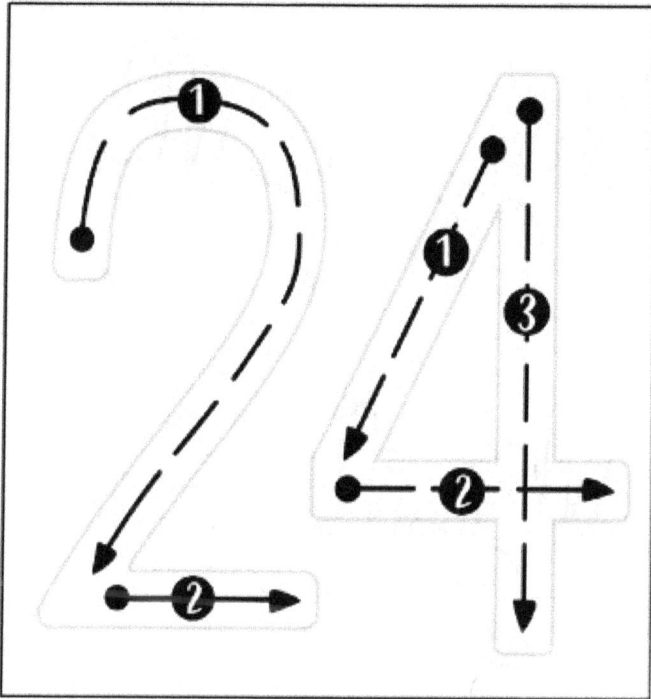
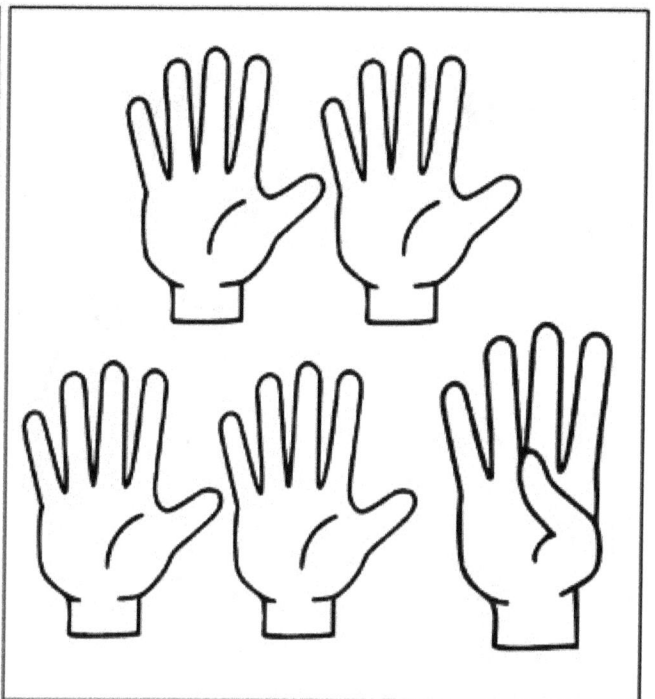

twenty- four

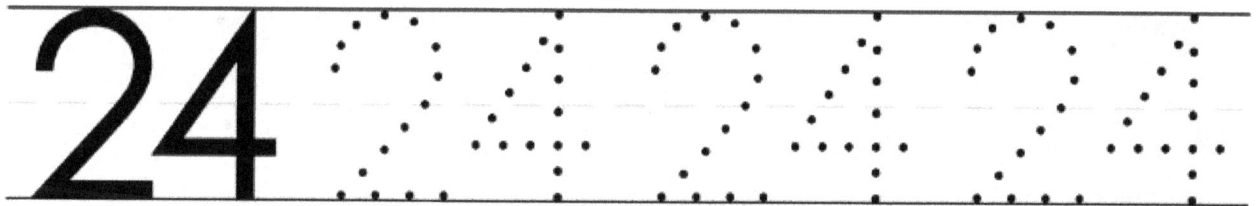

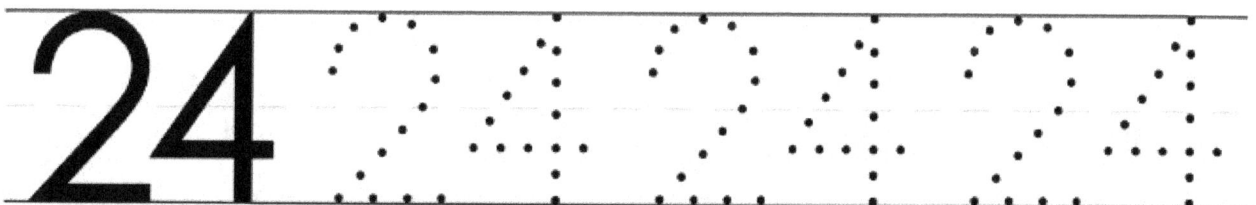

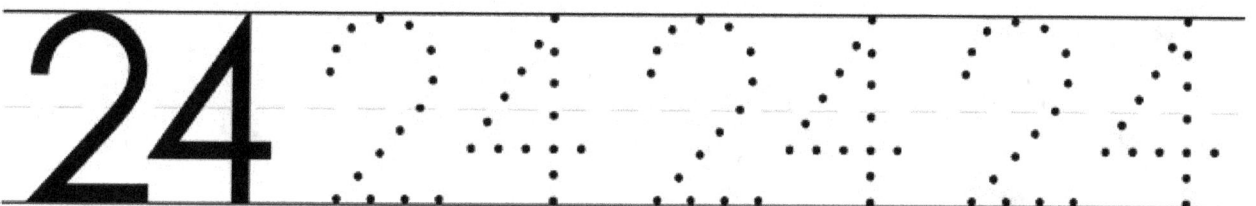

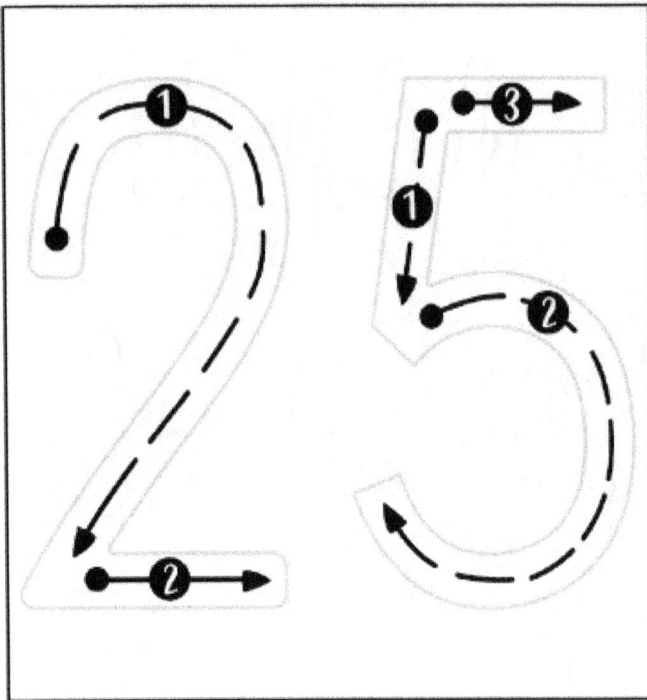
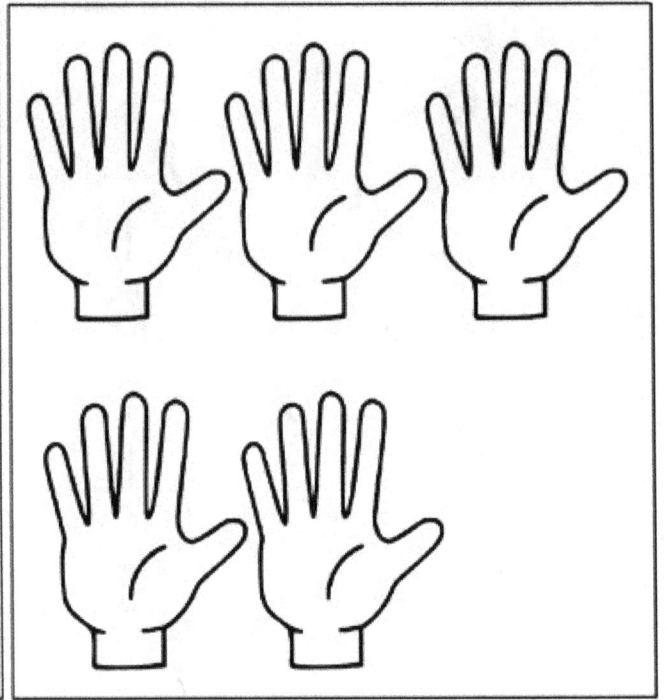

twenty- five

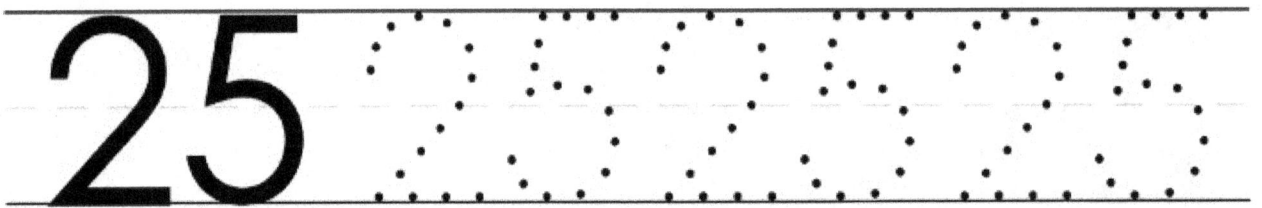

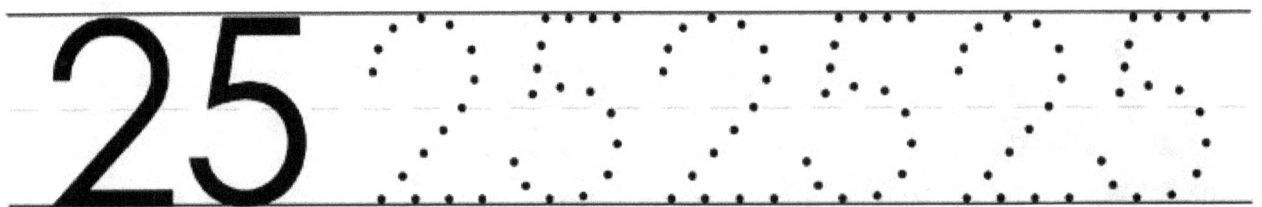

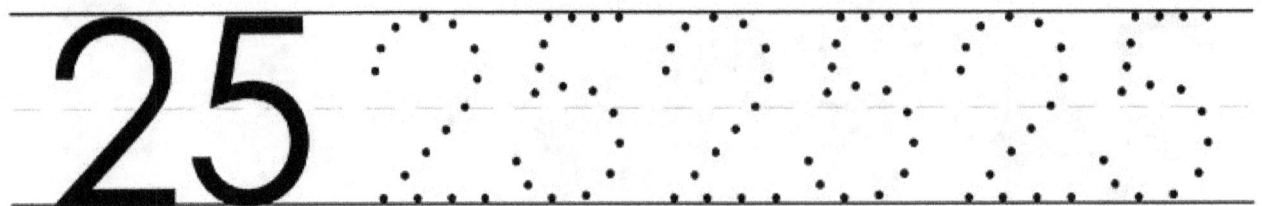

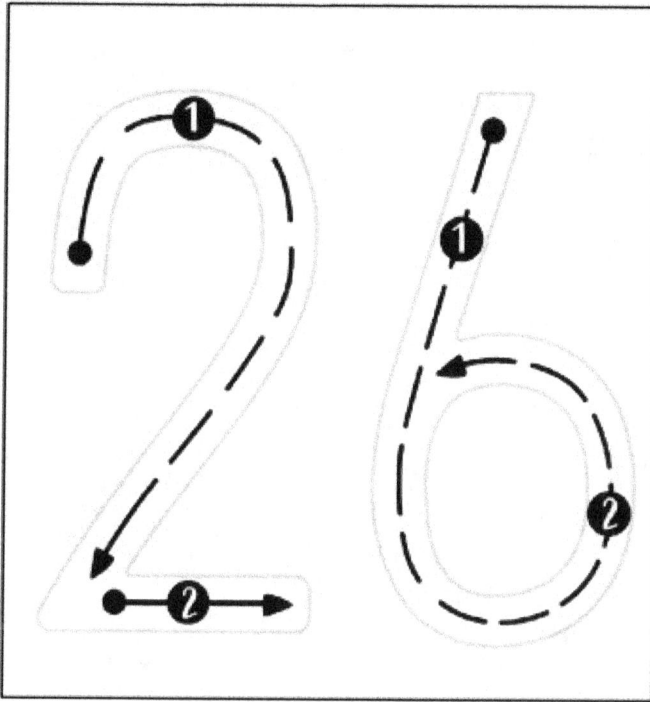

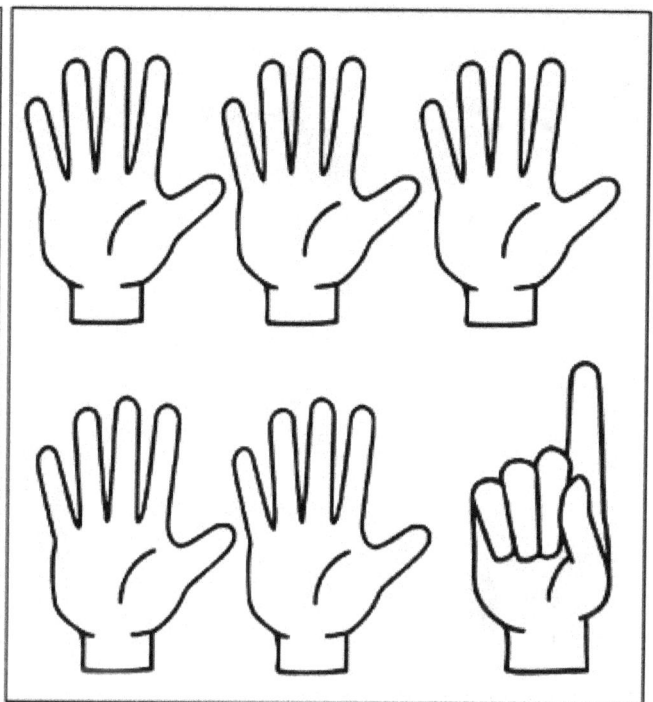

twenty- six

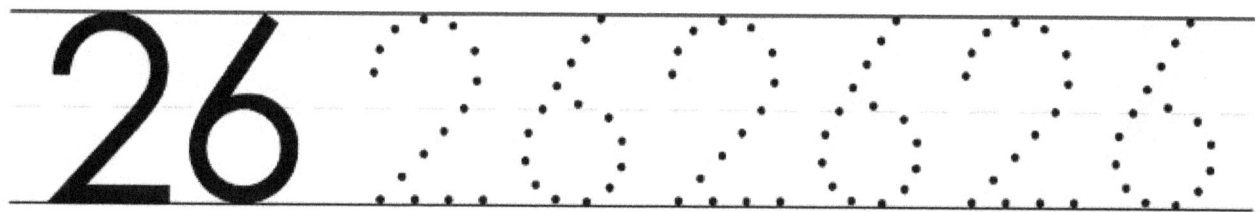

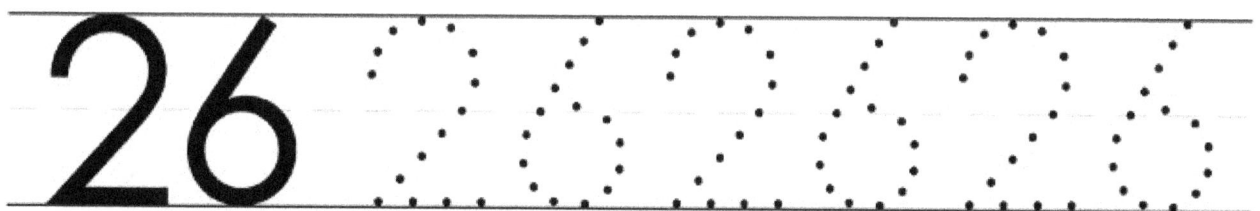

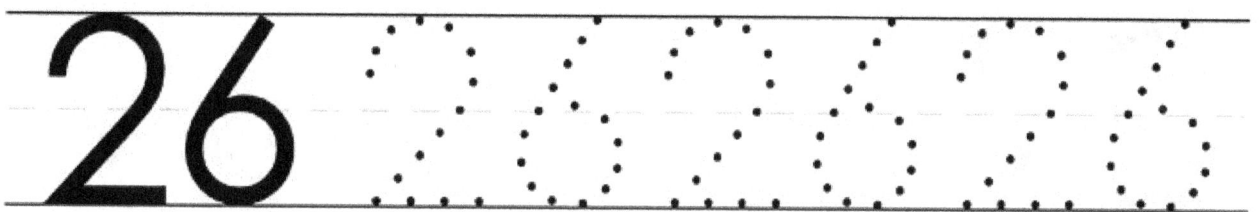

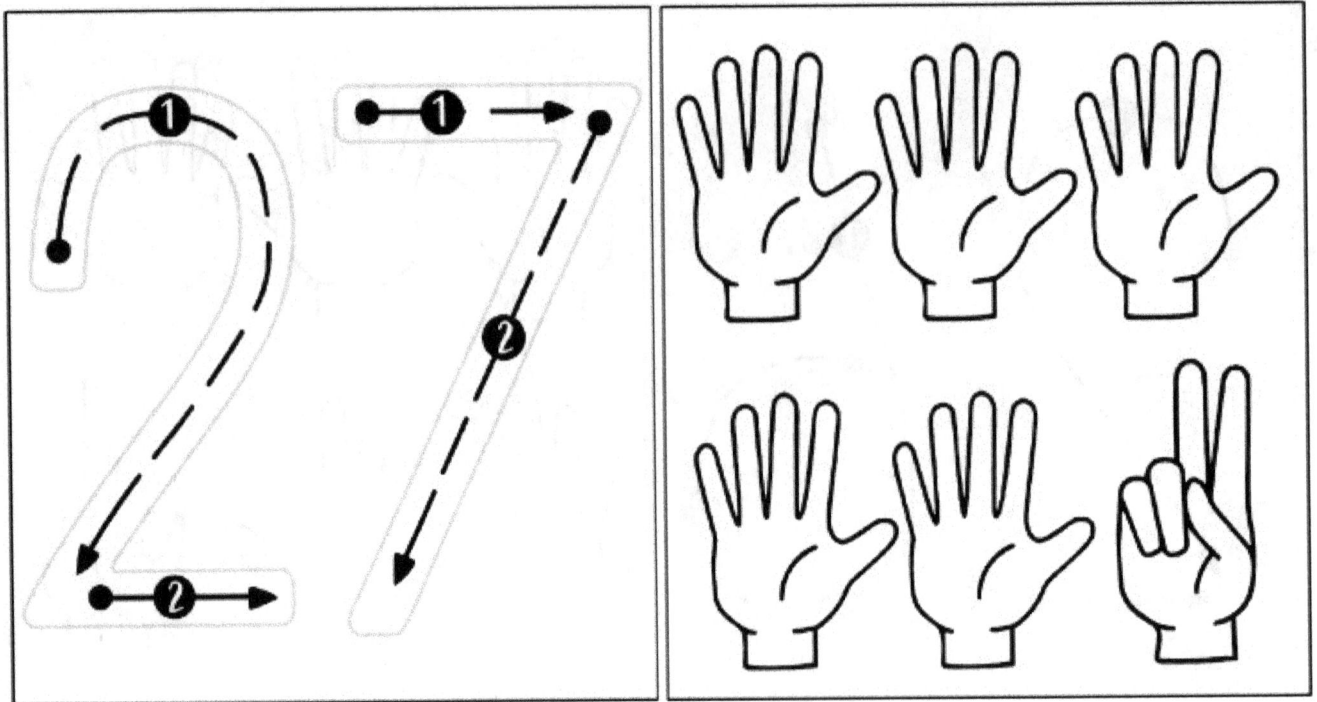

twenty- seven

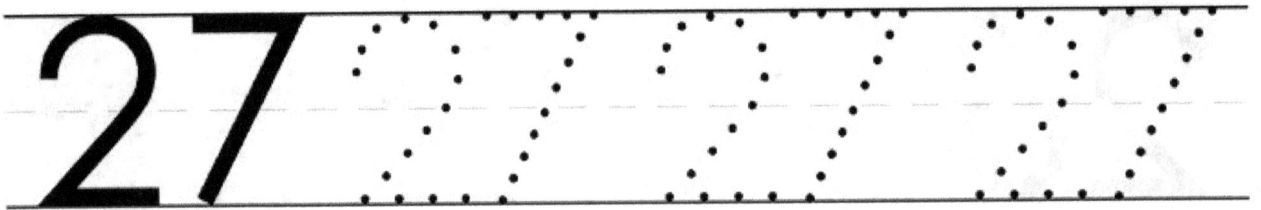

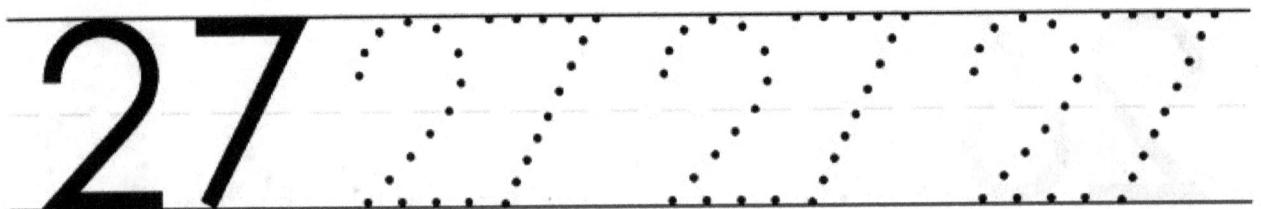

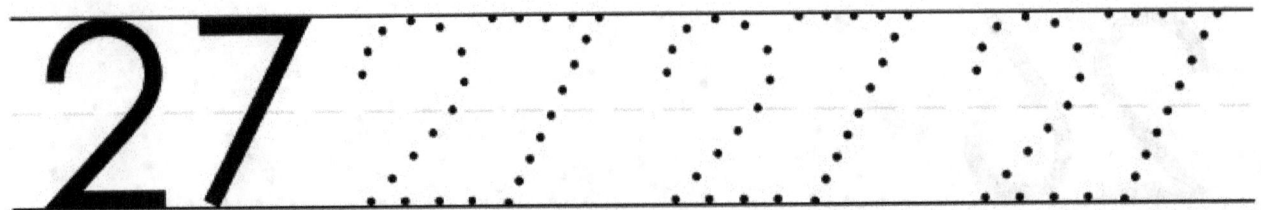

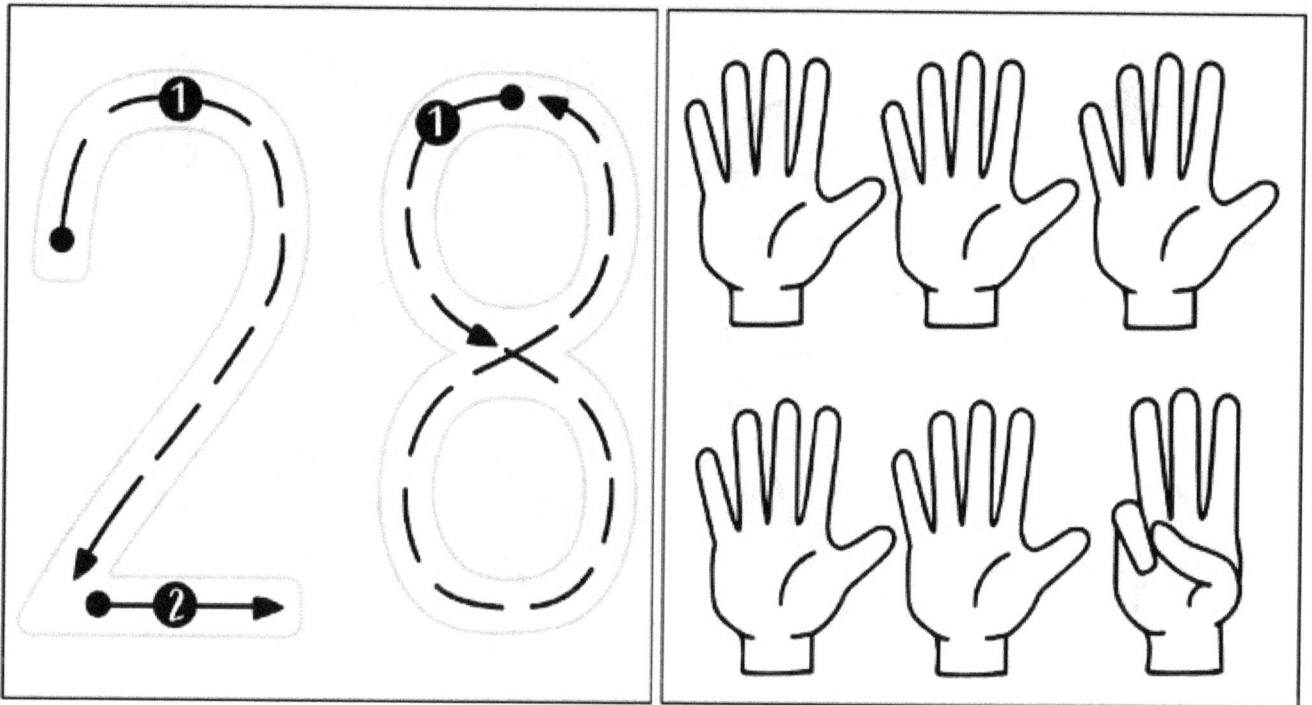

twenty- eight

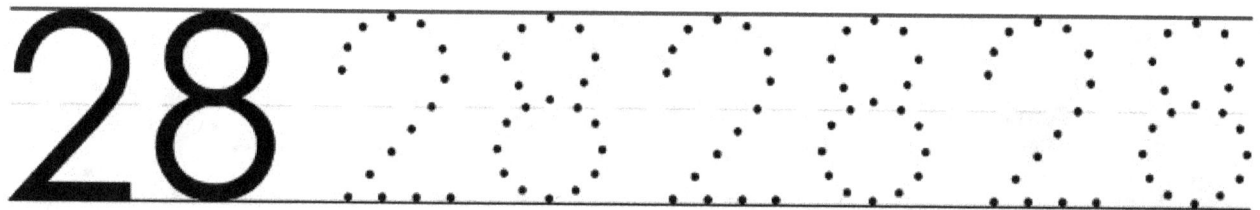

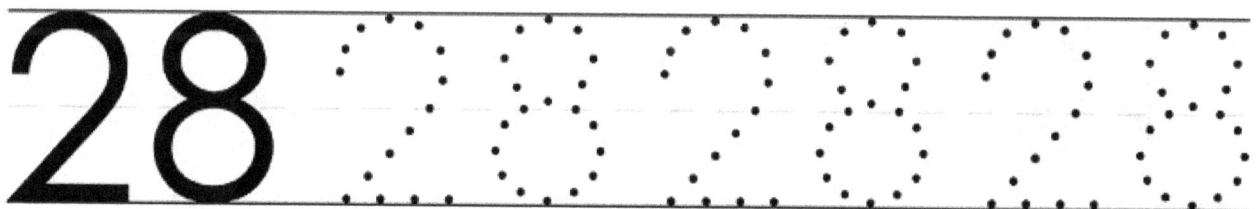

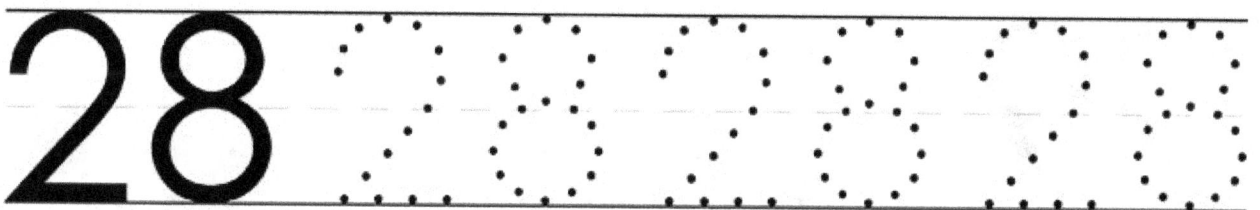

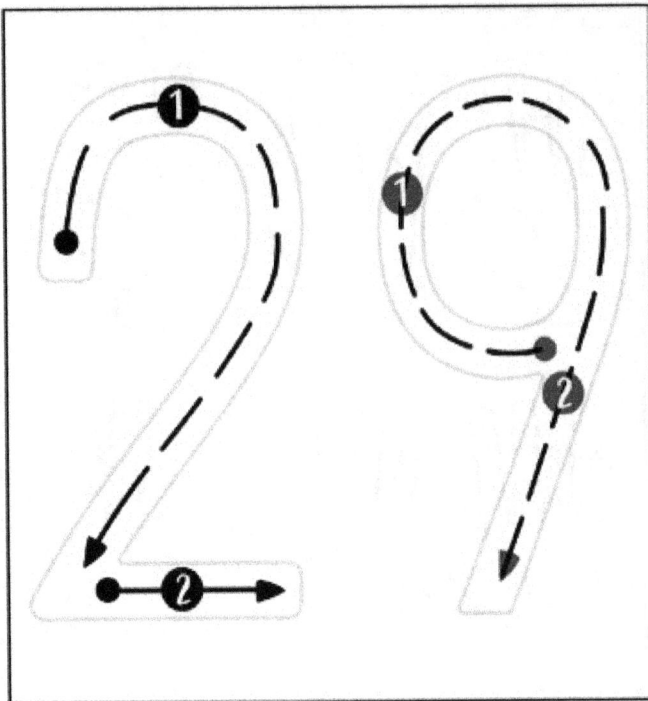
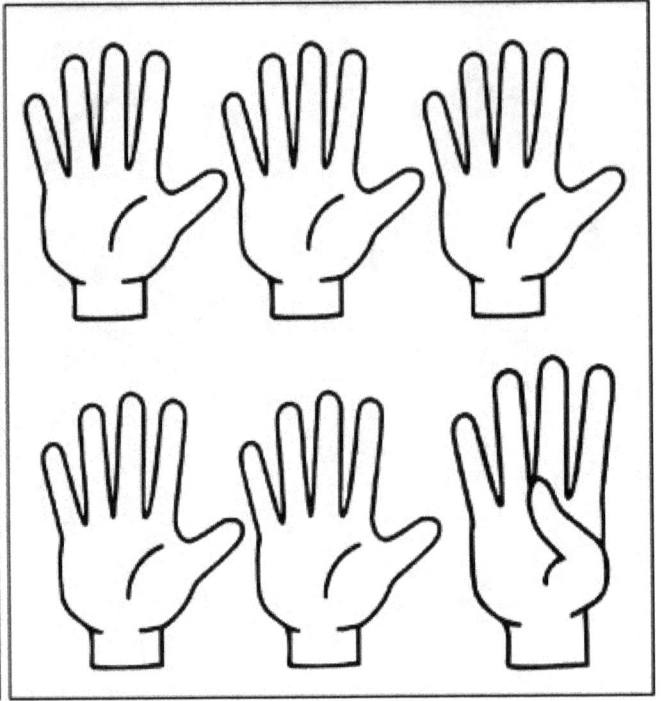

twenty- nine

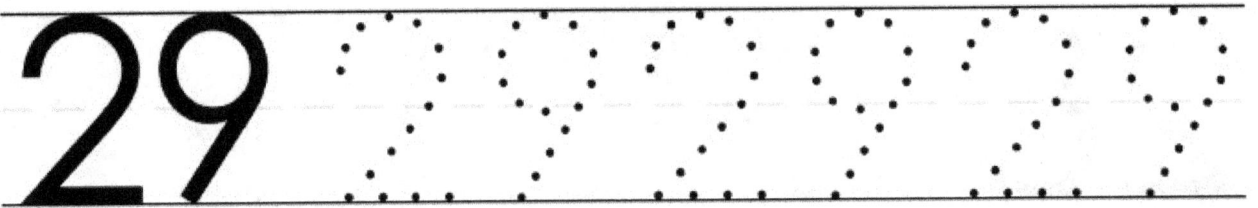
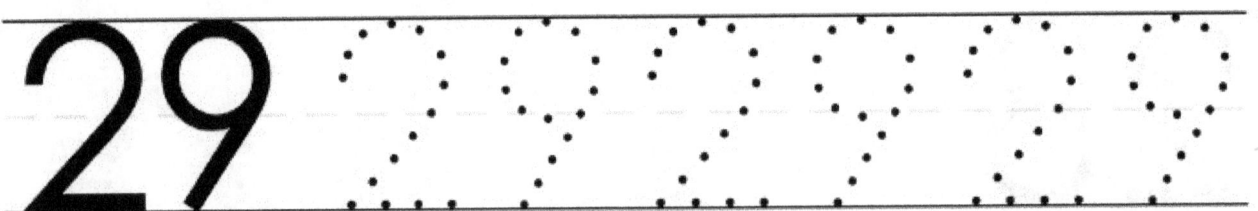
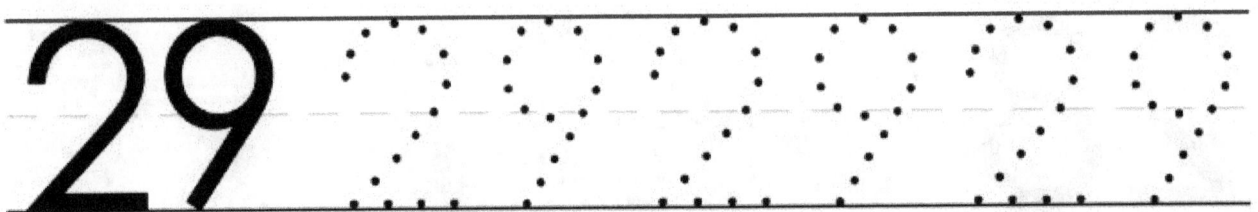

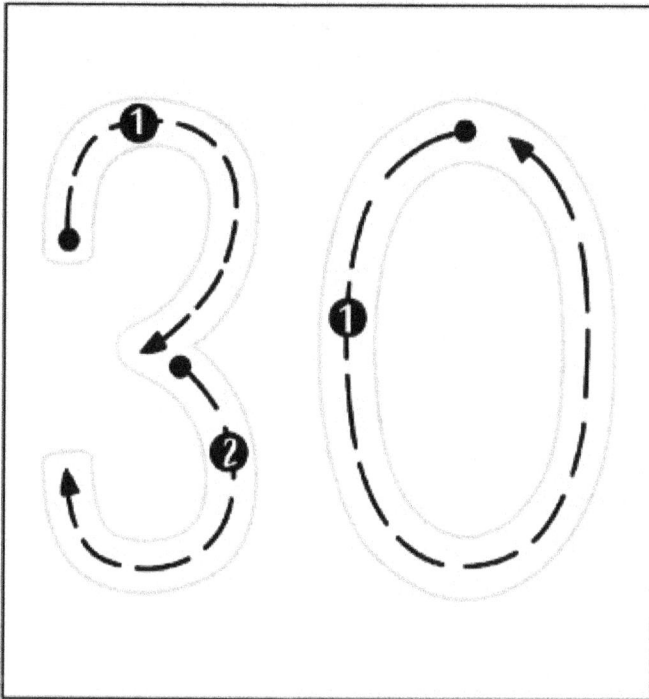

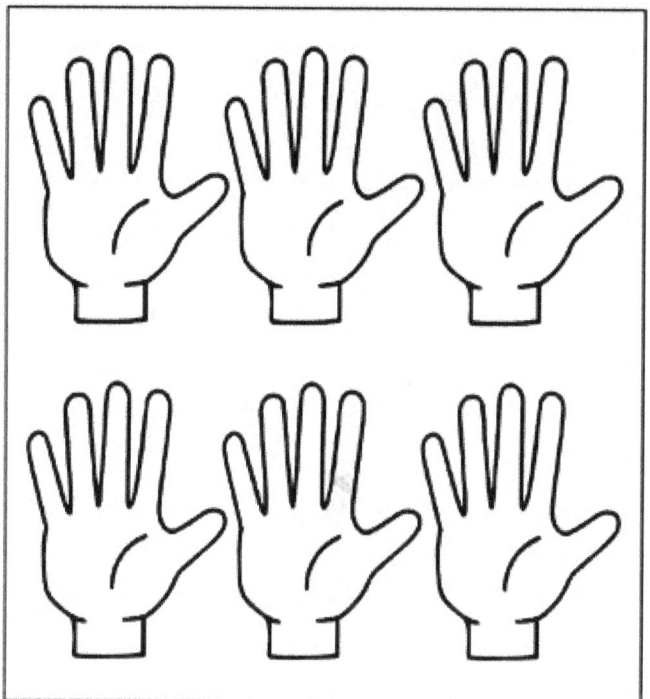

3 0

thirty

30
30
30

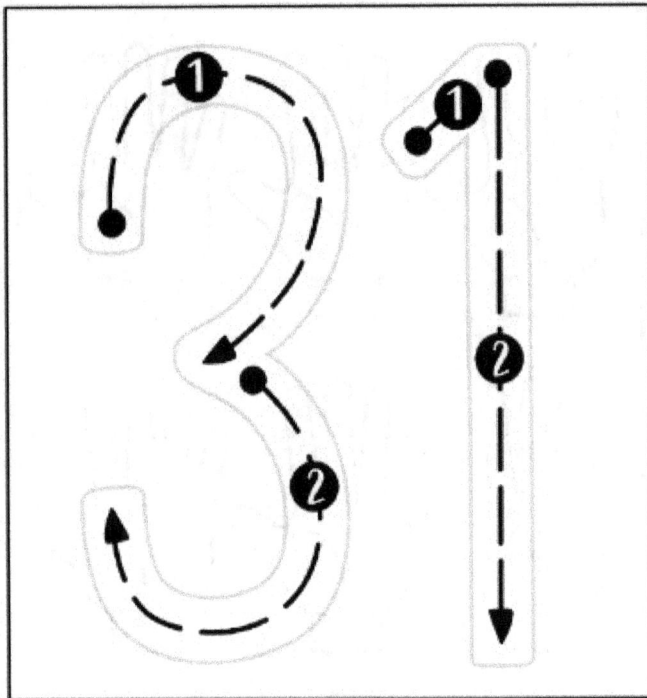
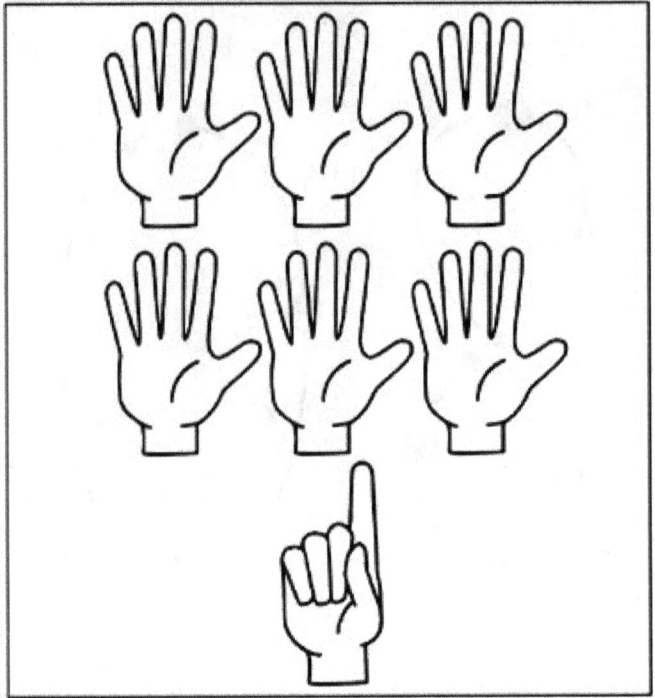

thirty- one

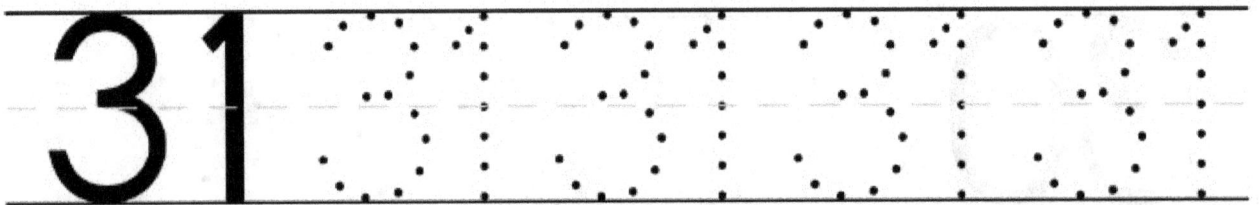
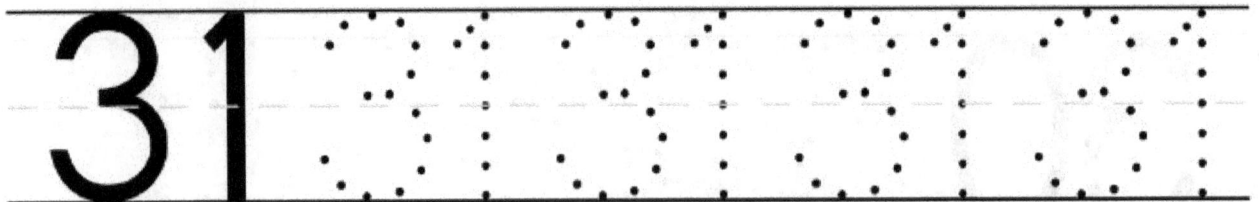
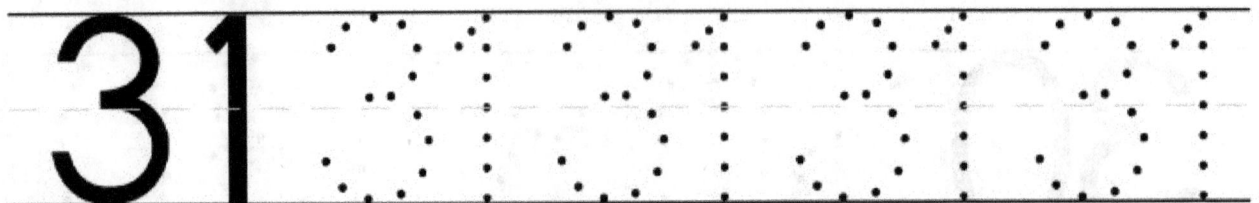

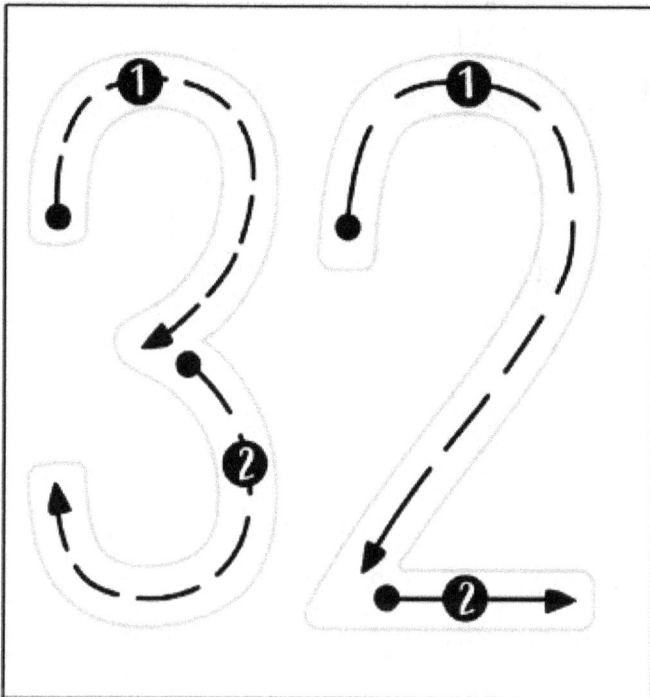 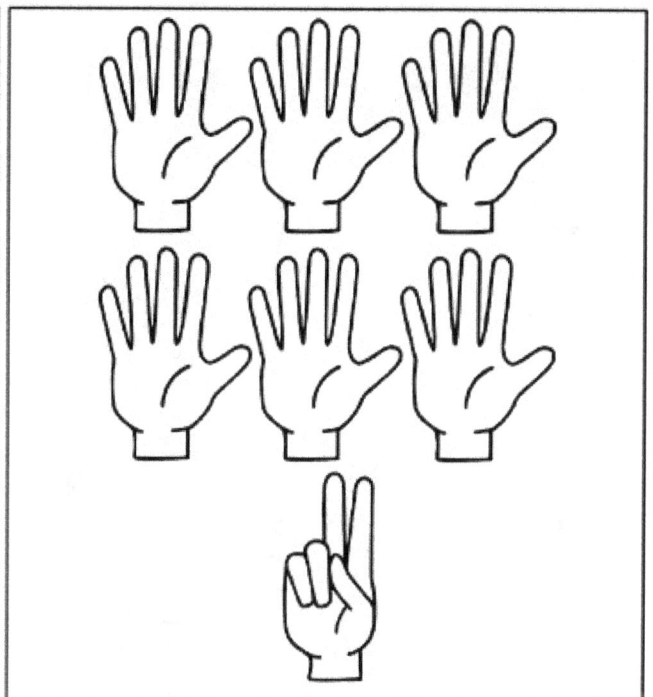

thirty- two

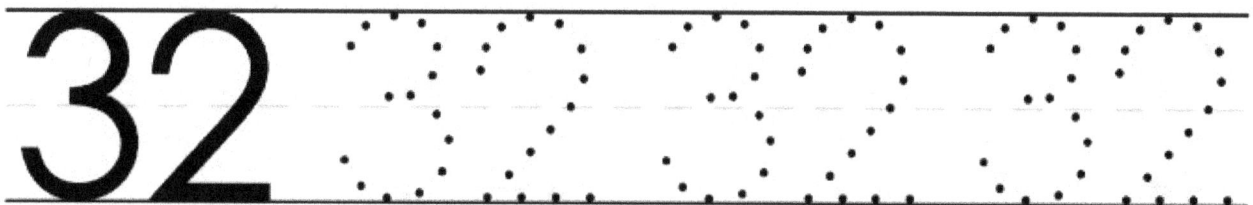

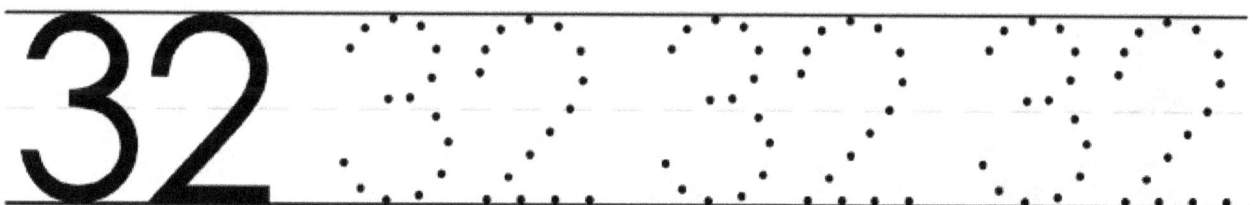

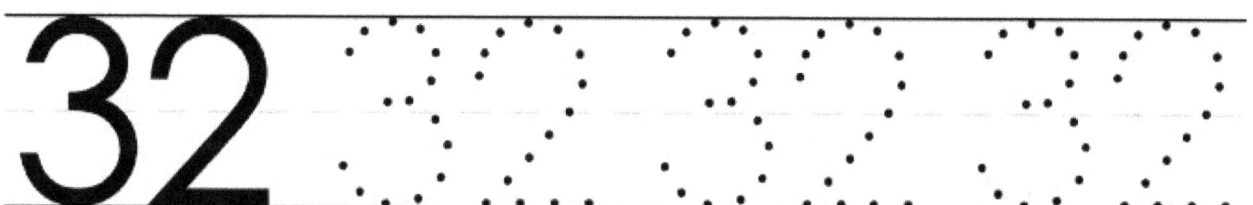

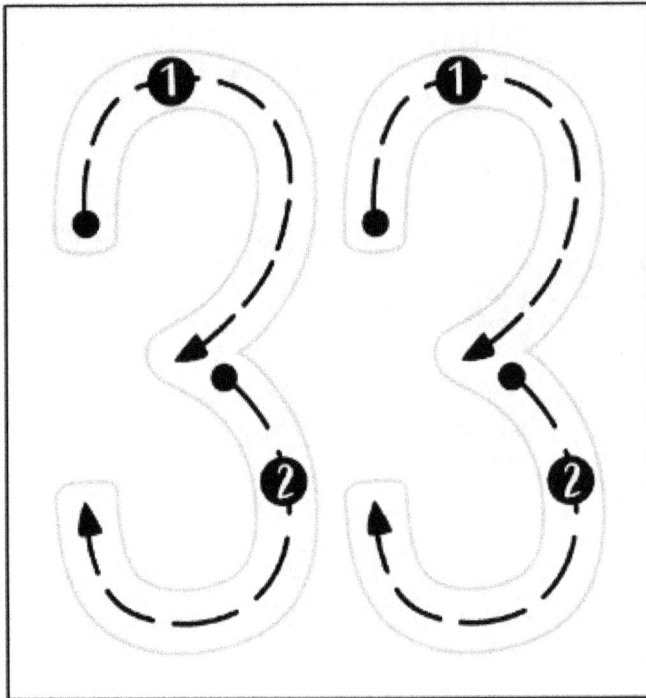 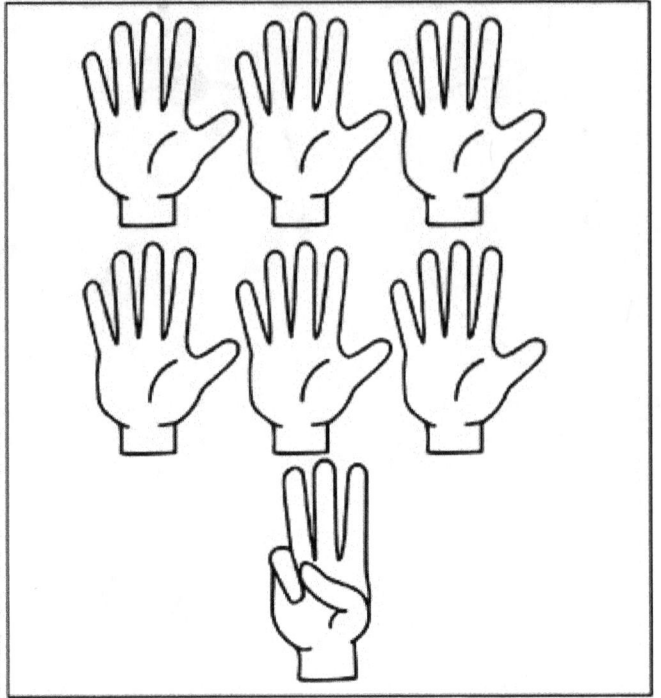

thirty- three

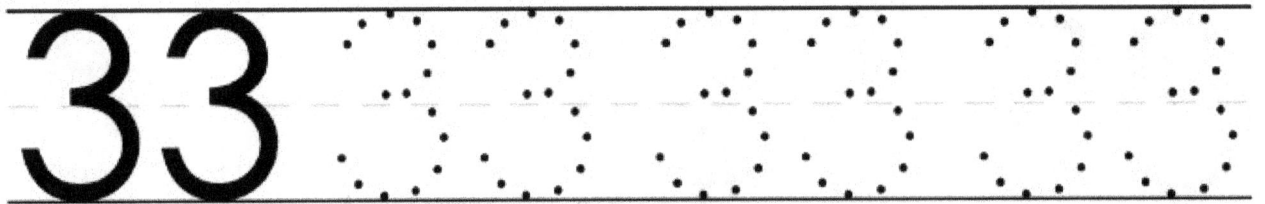

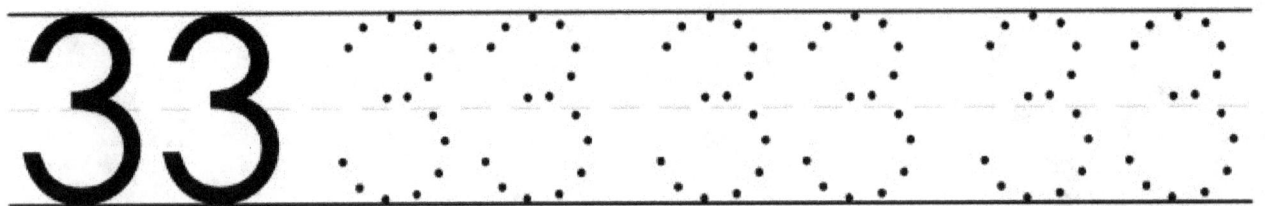

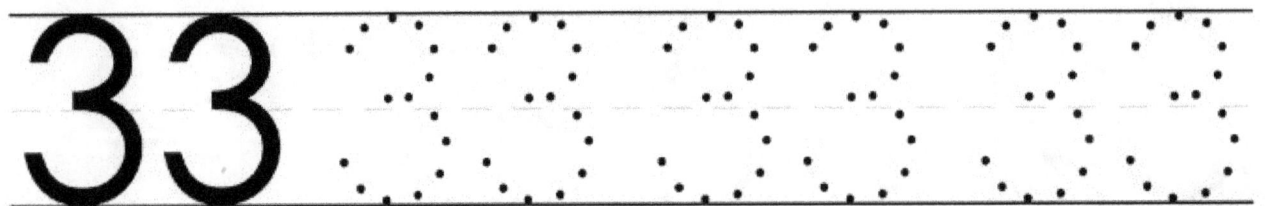

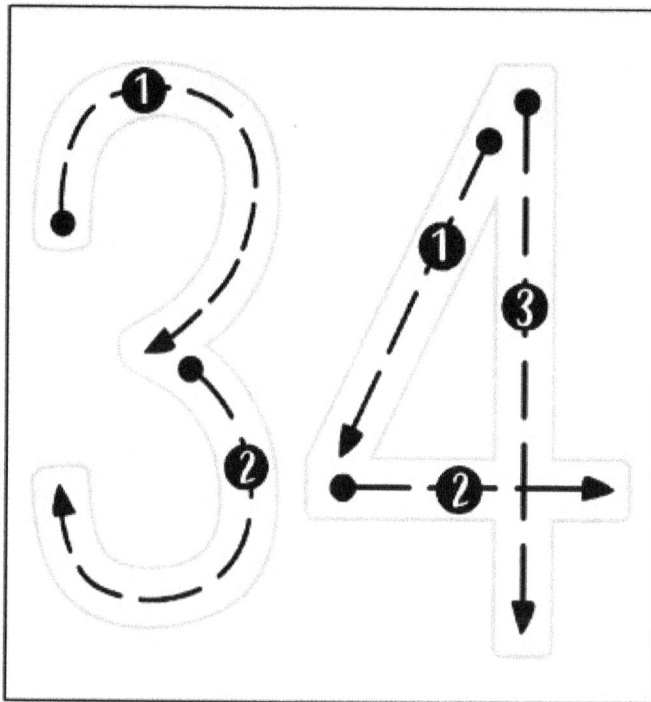
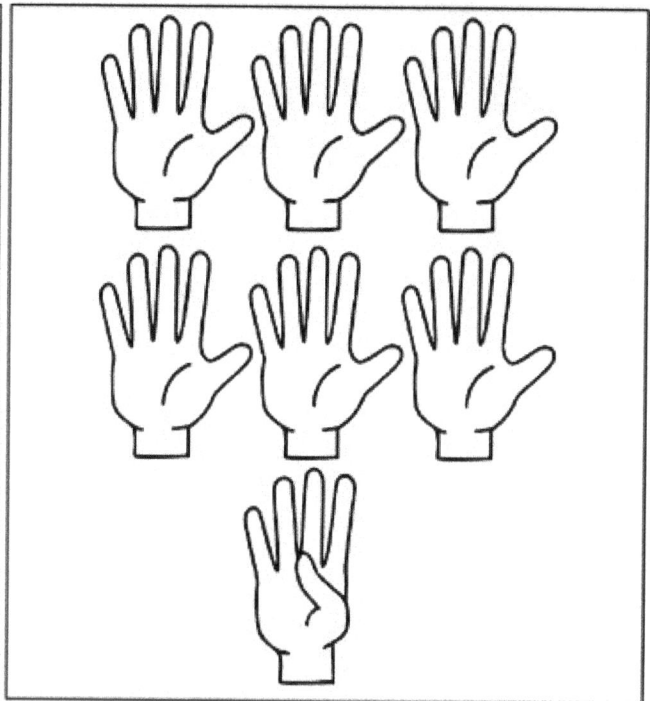

thirty- four

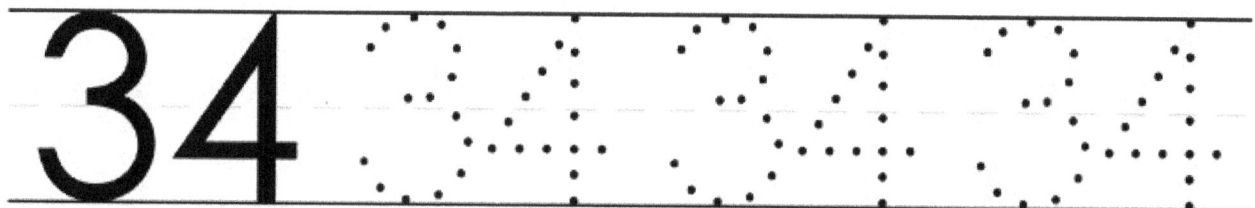
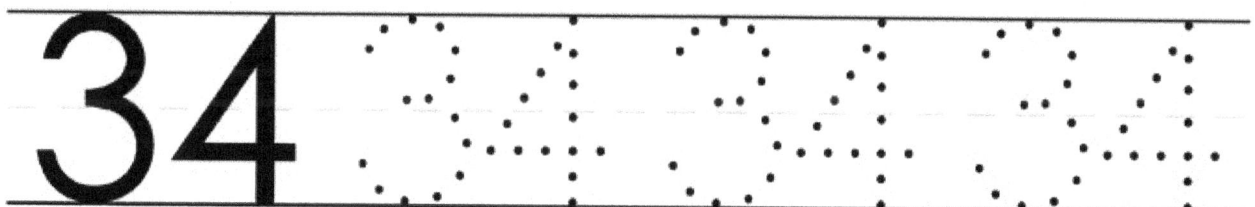
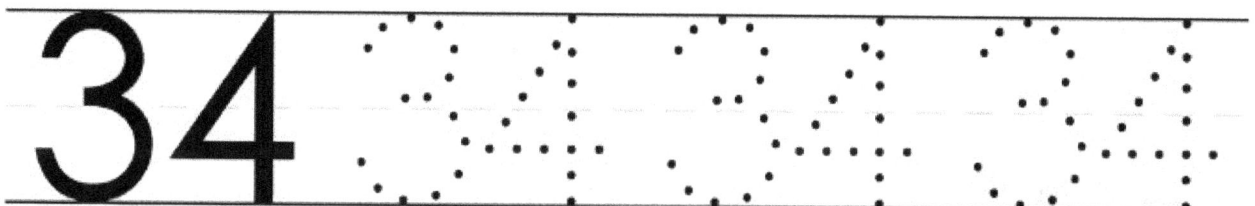

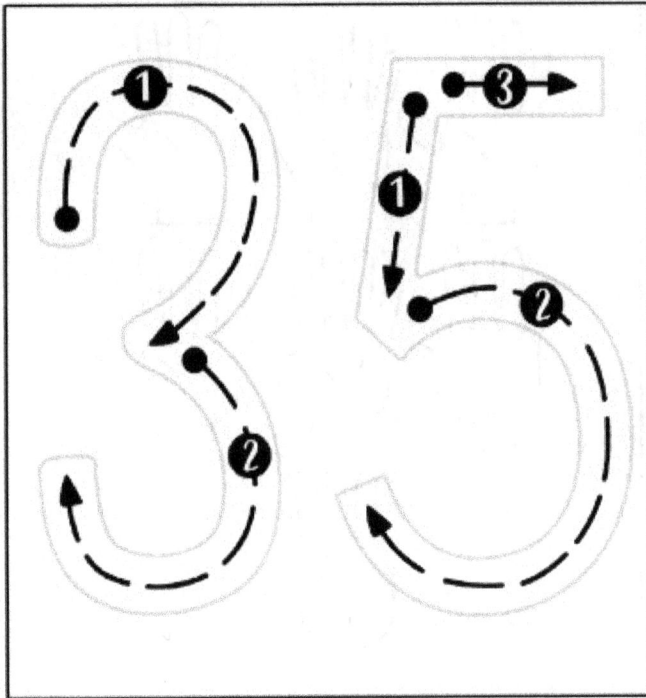
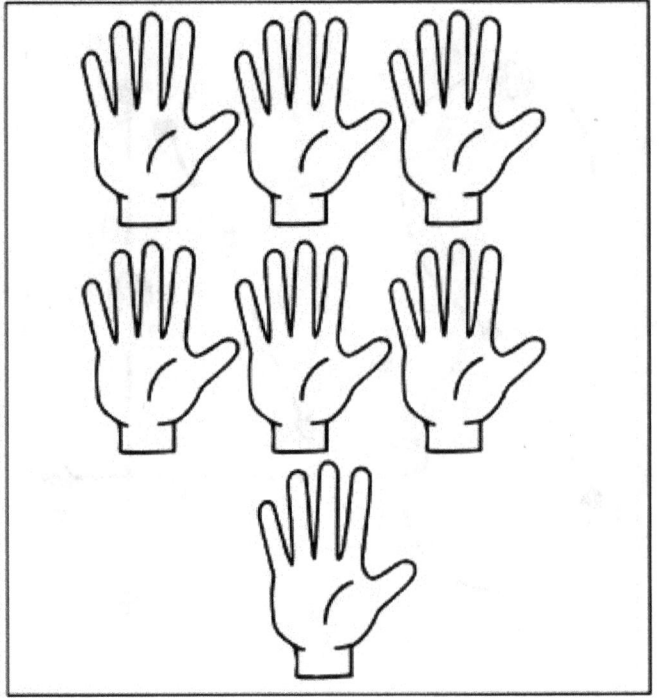

thirty- five

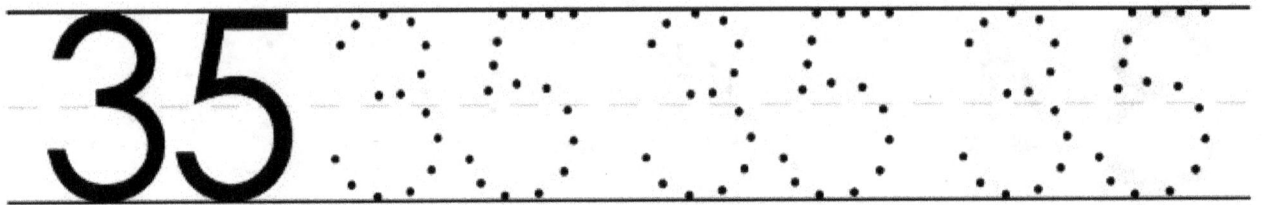
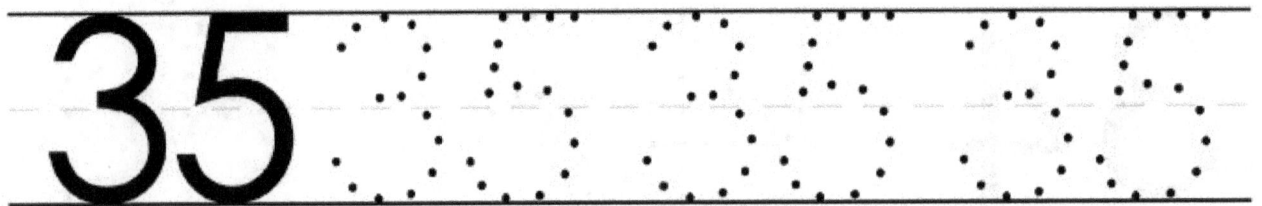
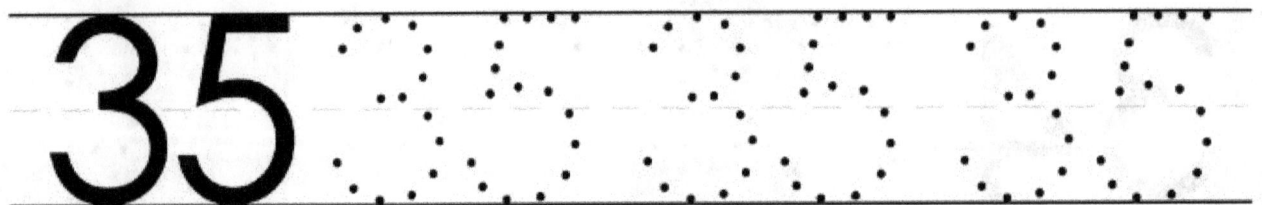

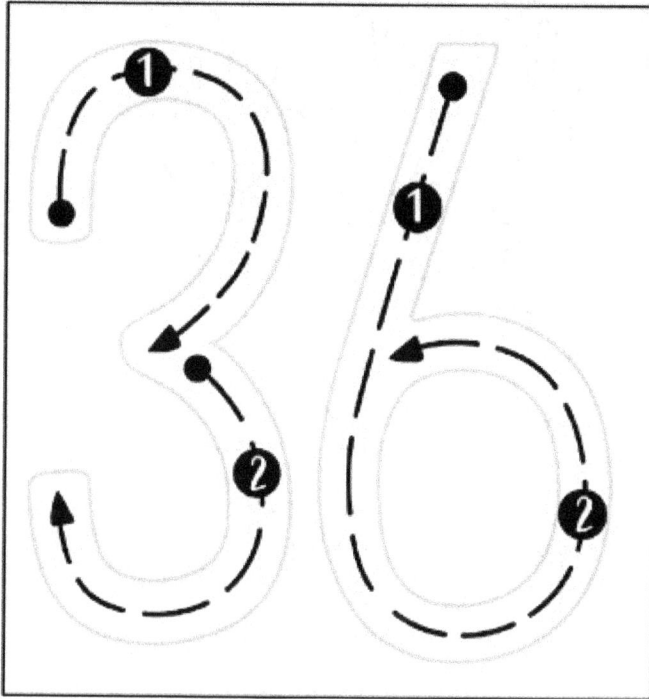
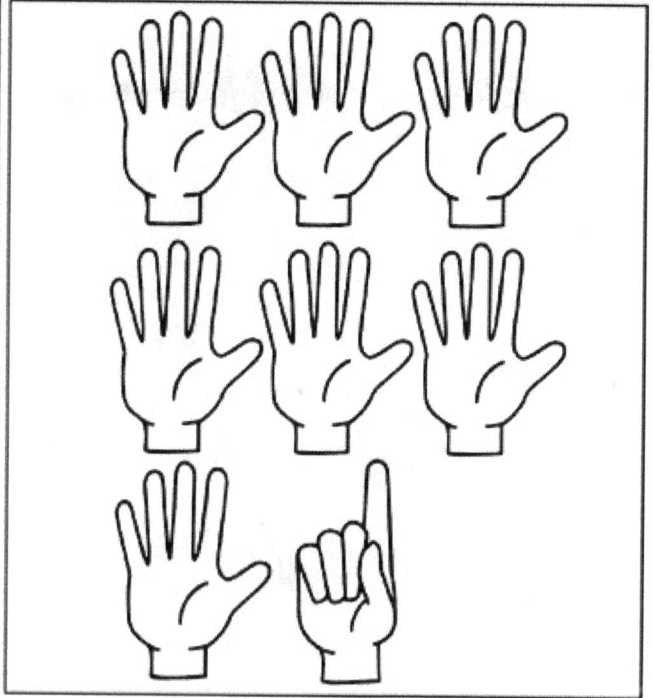

thirty- six

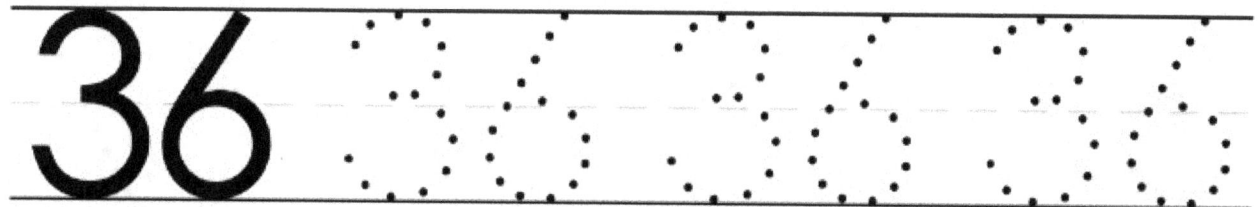
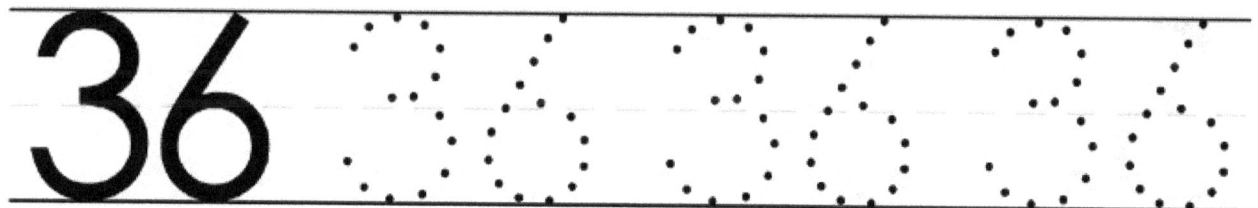
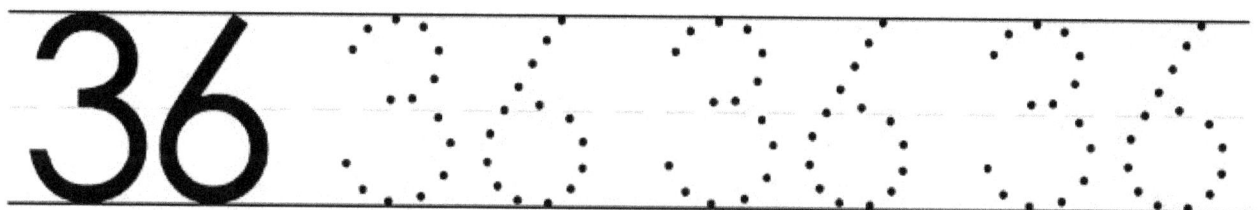

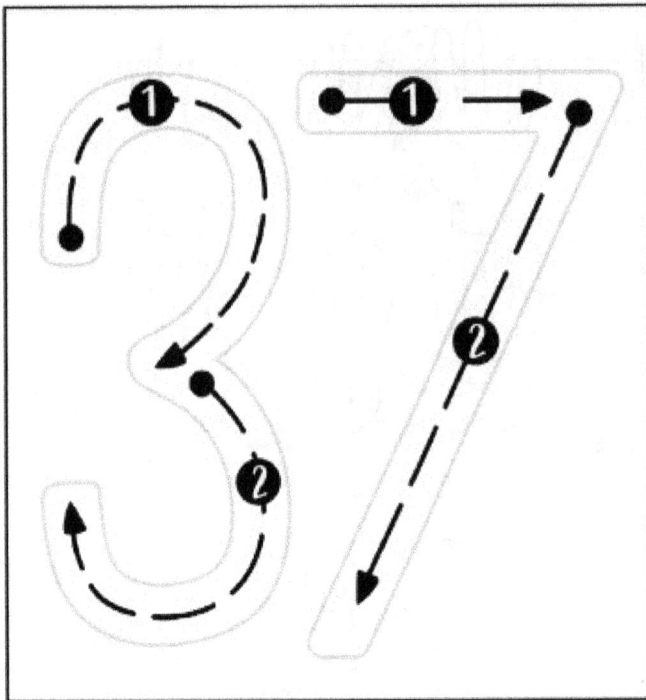
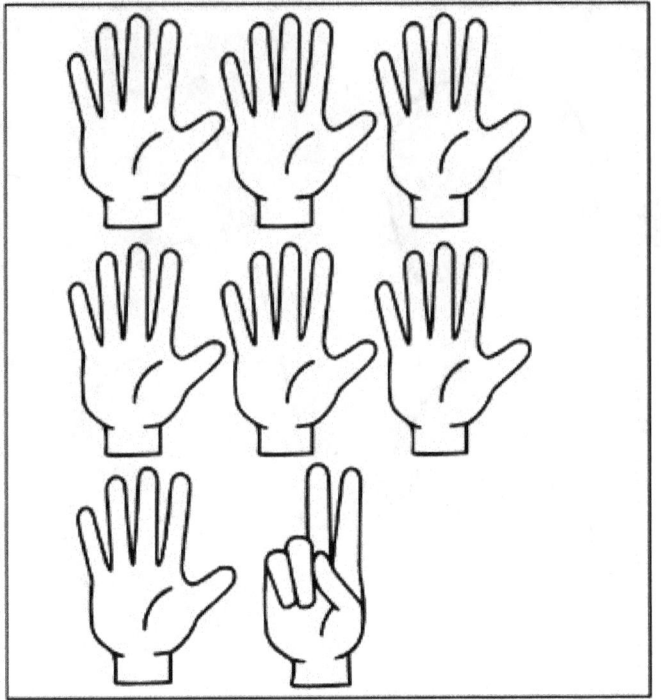

thirty- seven

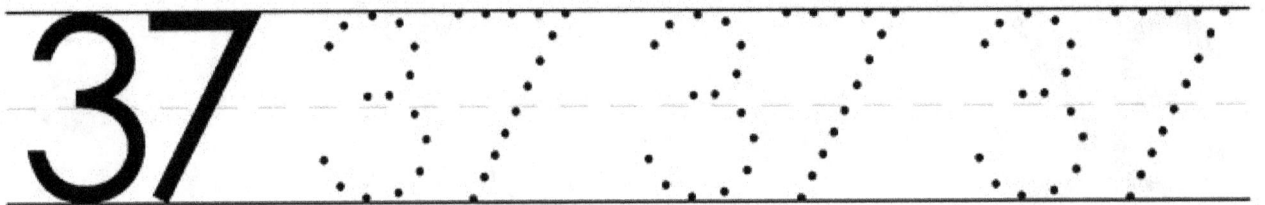
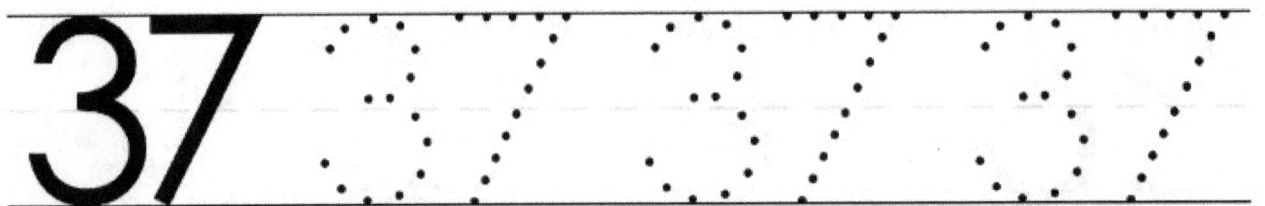
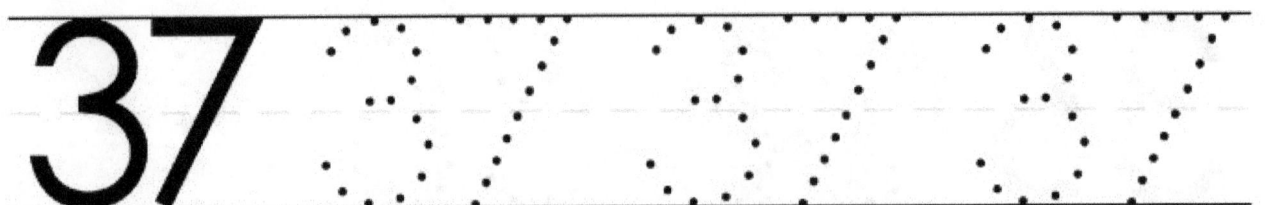

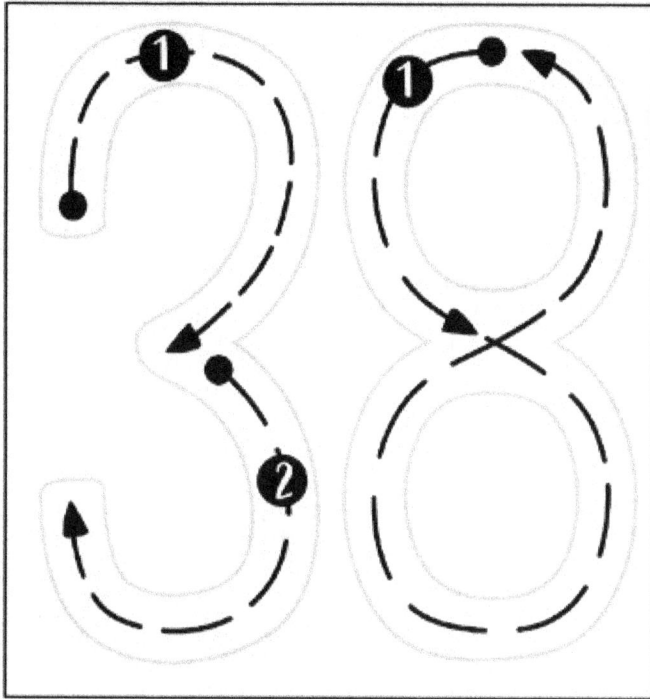
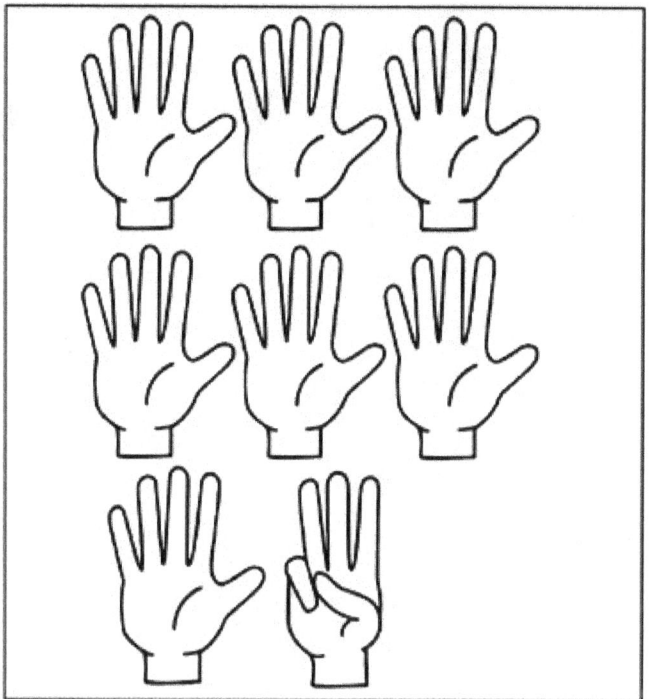

thirty- eight

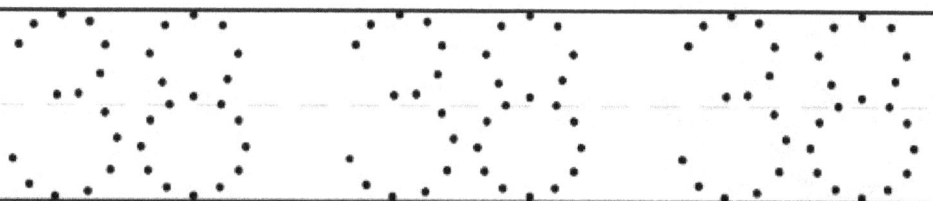

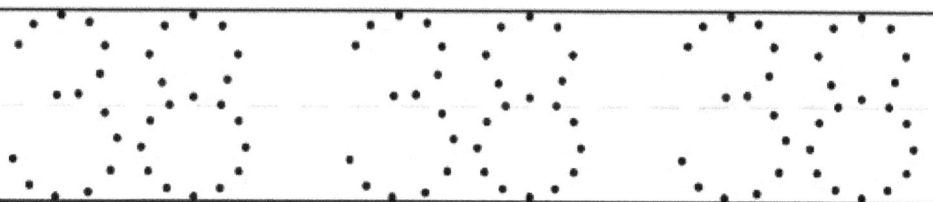

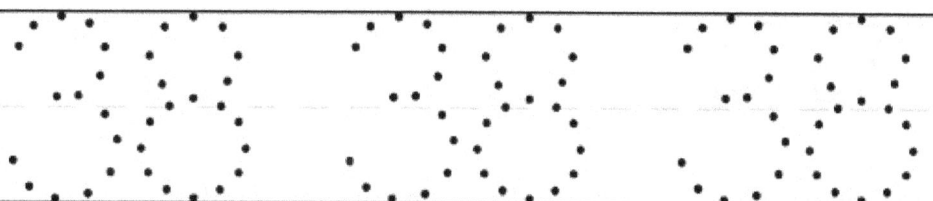

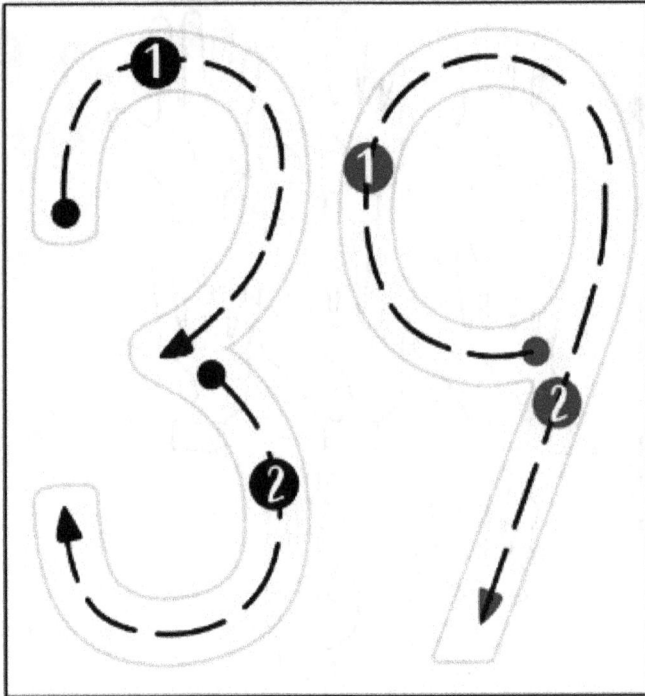
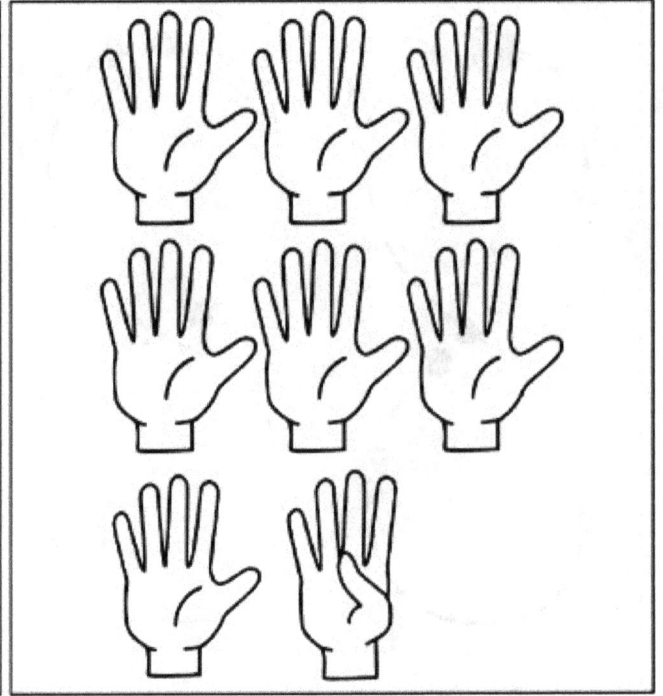

thirty- nine

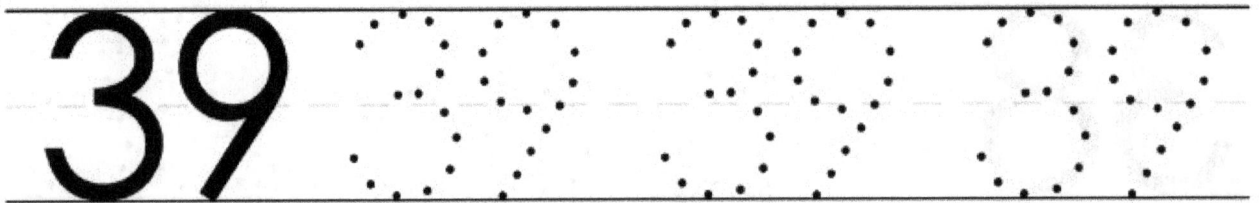
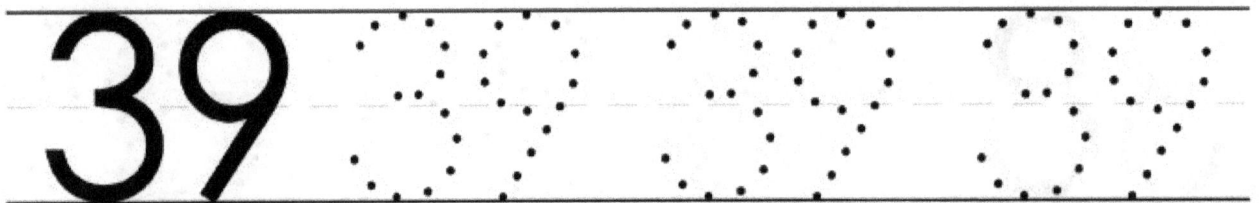
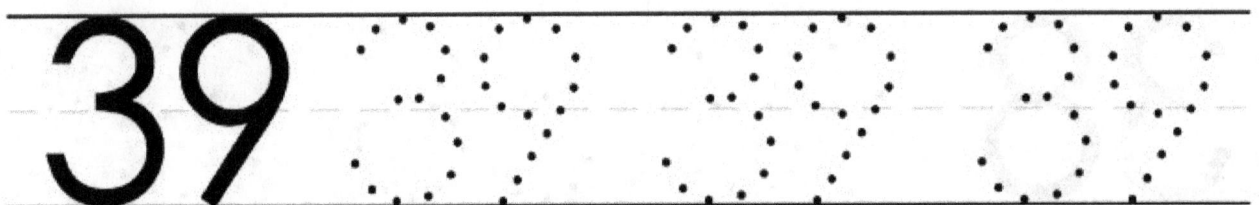

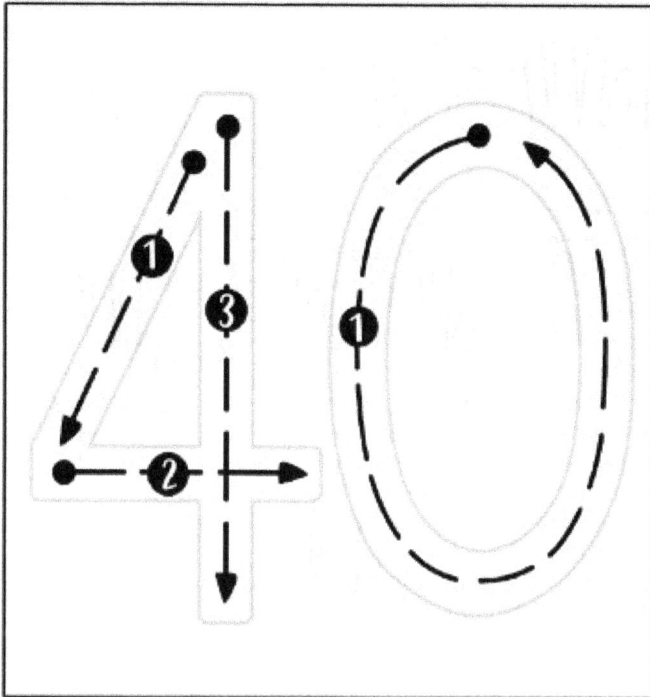

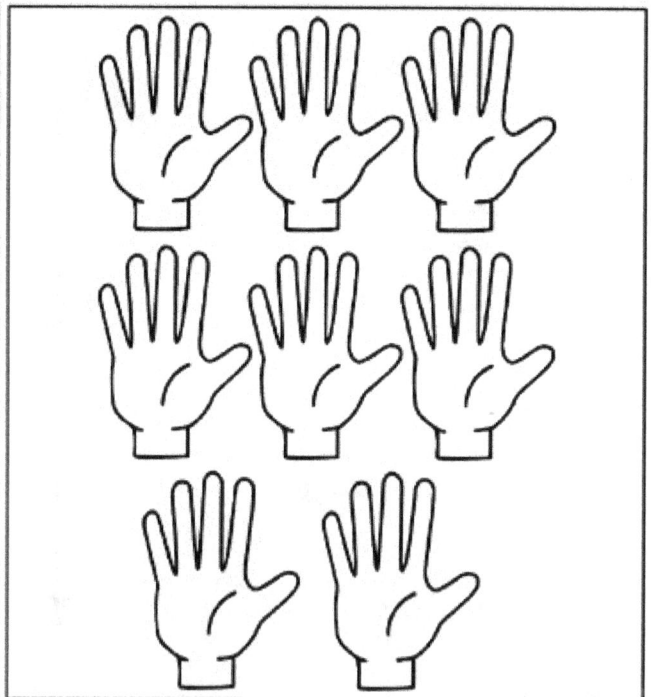

forty

40 40 40 40 40
40 40 40 40 40
40 40 40 40 40

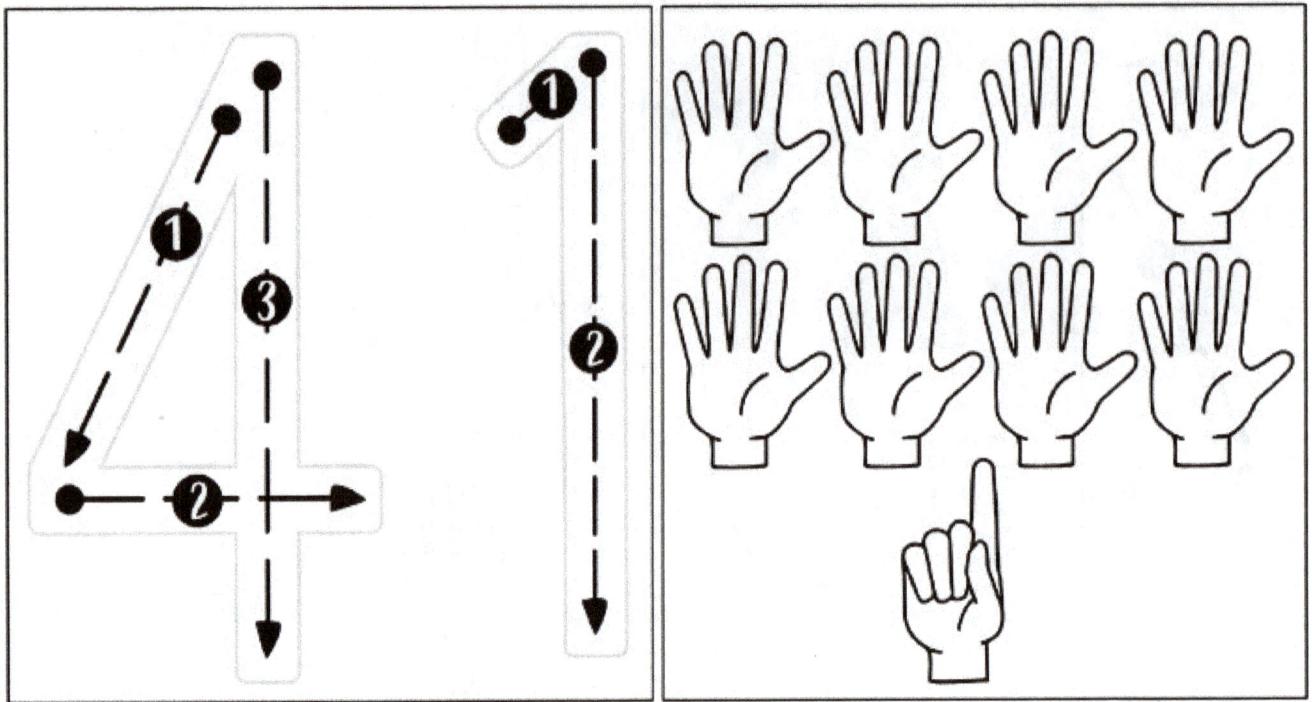

forty- one

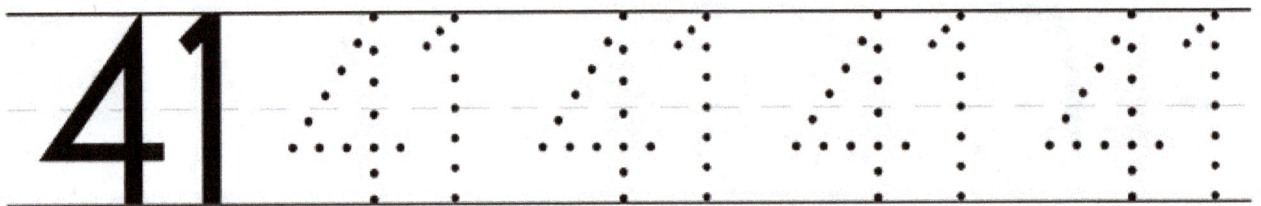

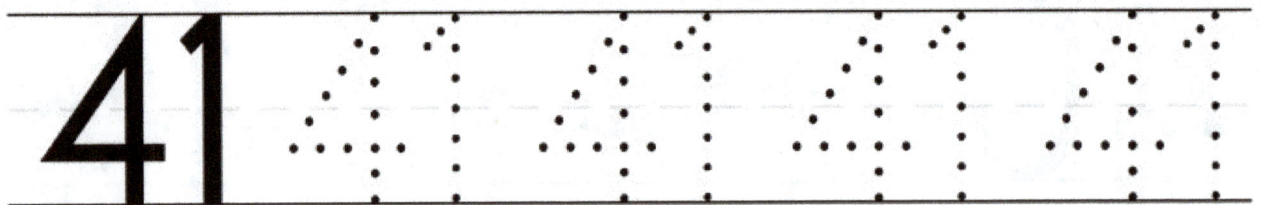

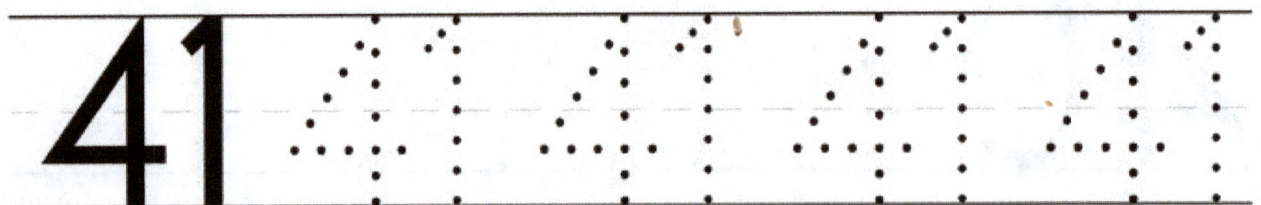

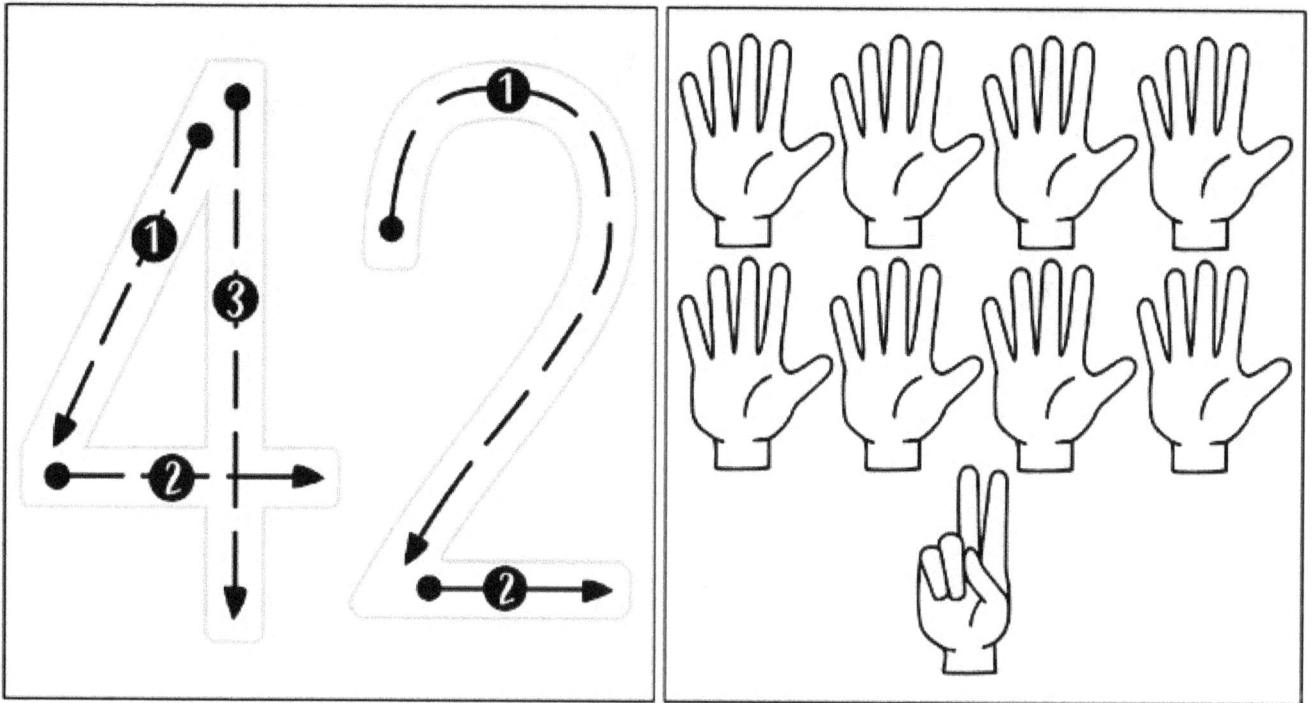

forty- two

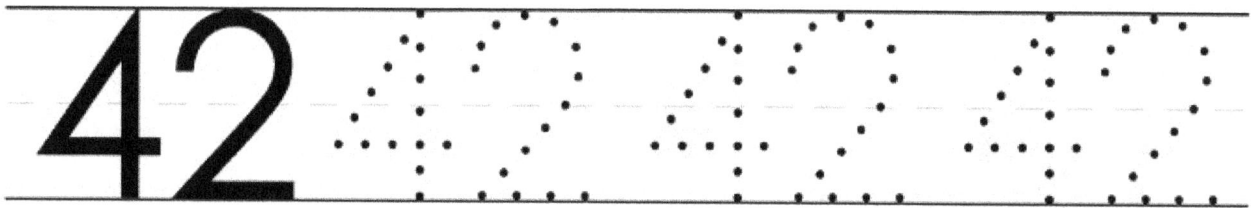

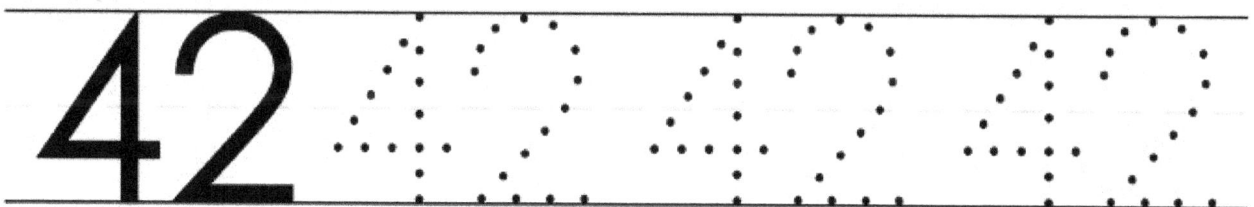

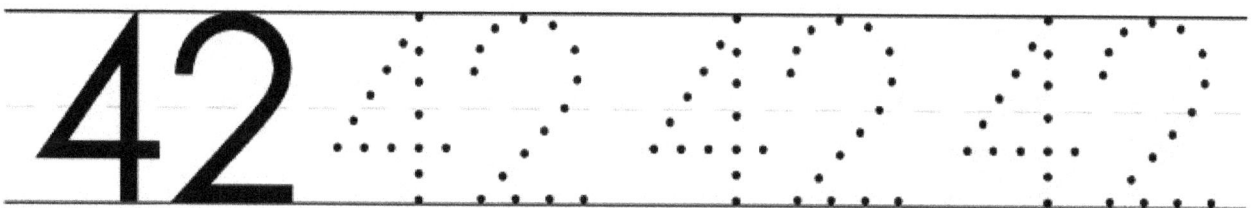

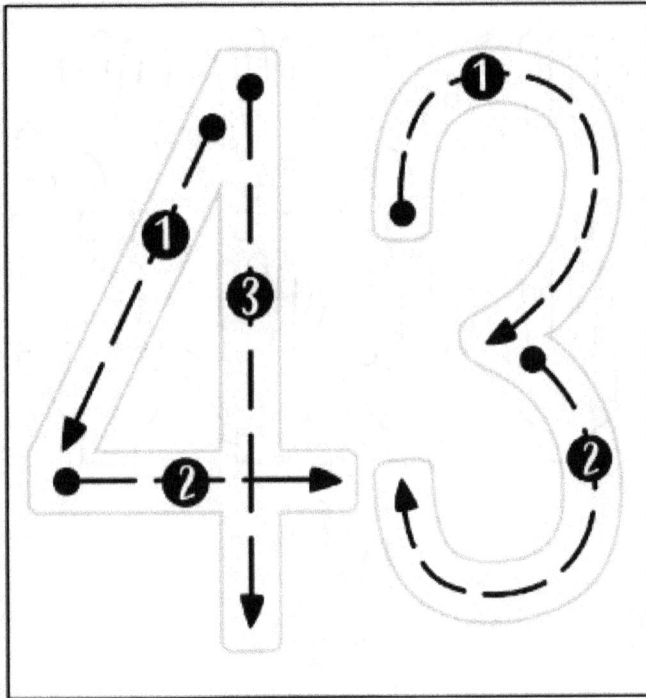
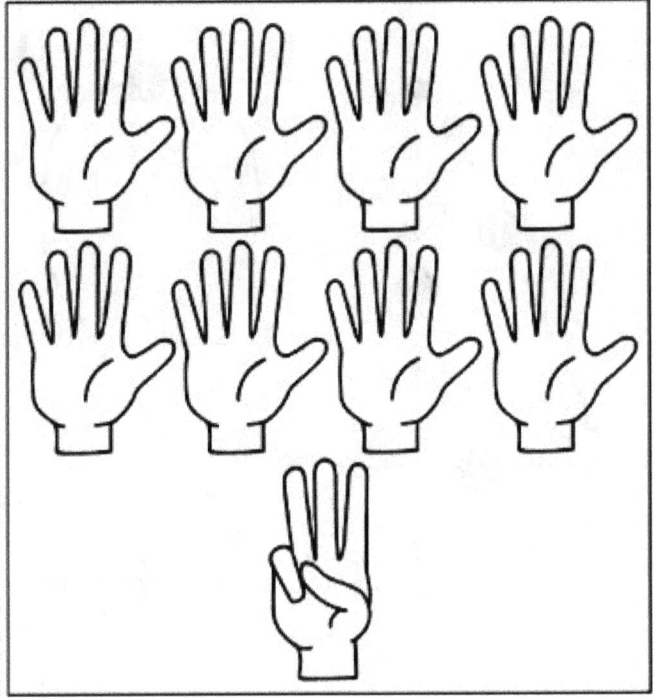

forty- three

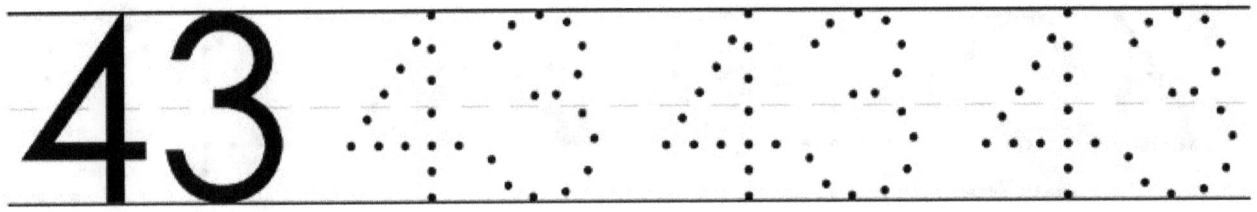

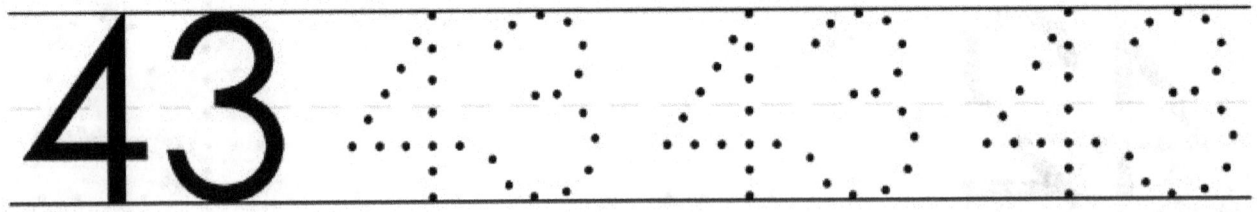

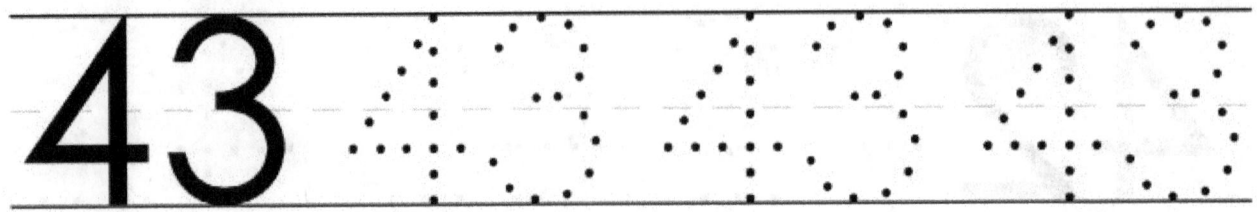

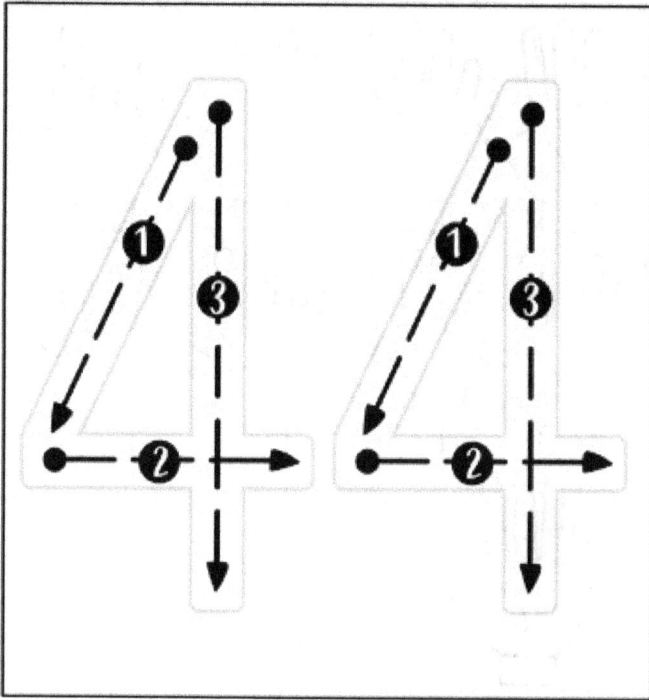 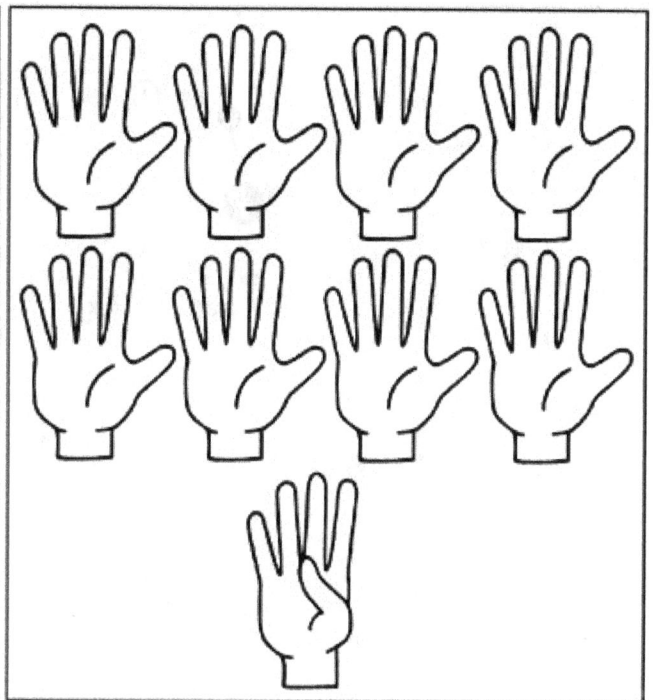

forty- four

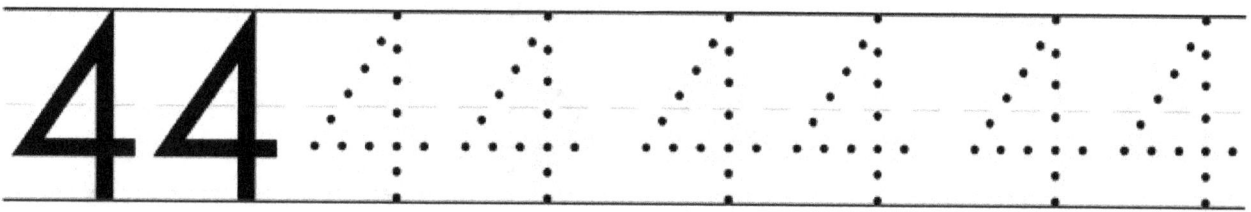

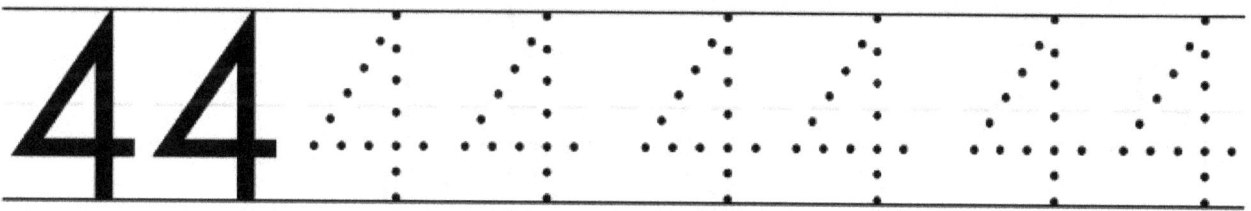

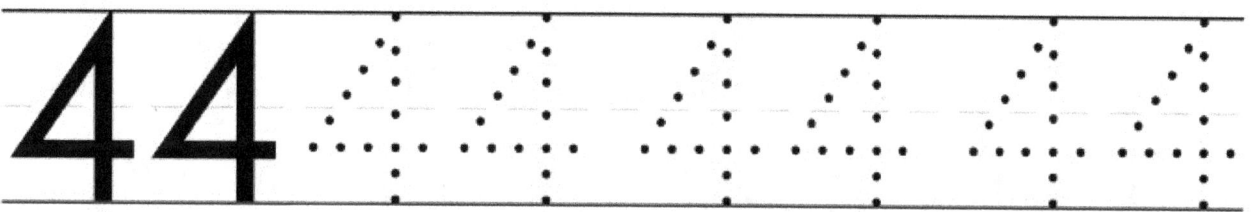

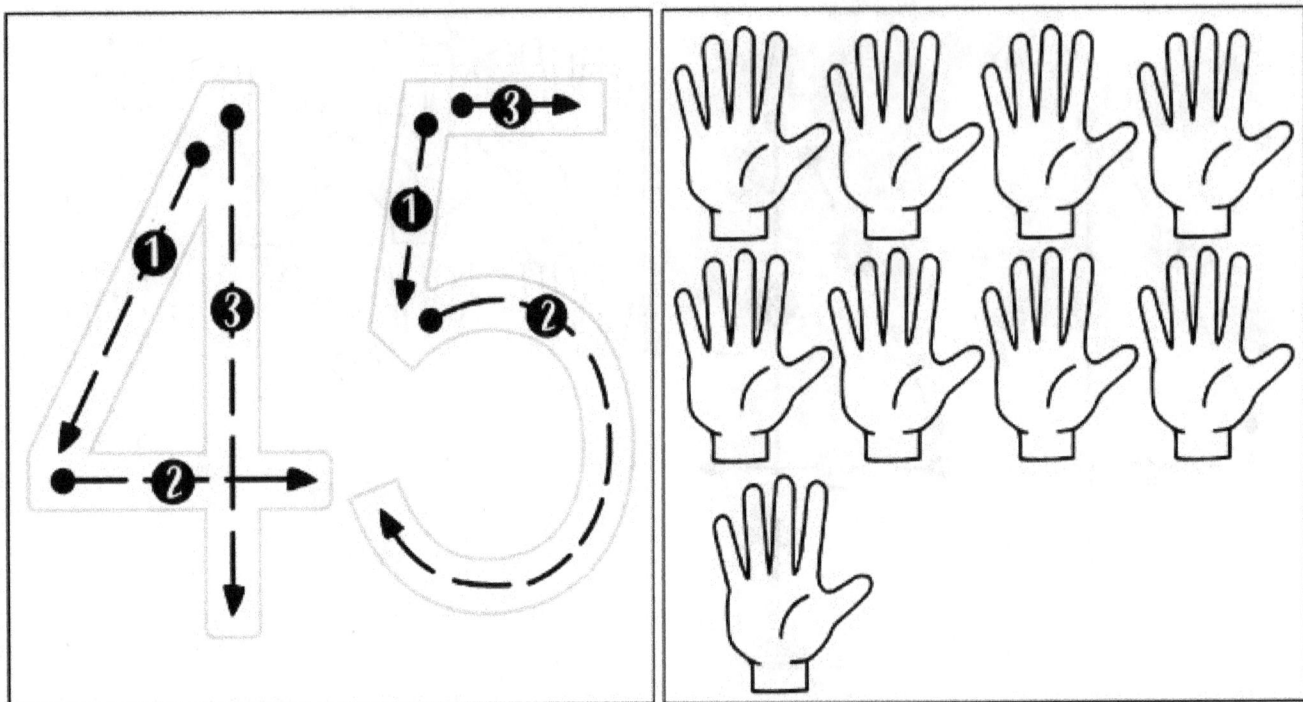

forty- five

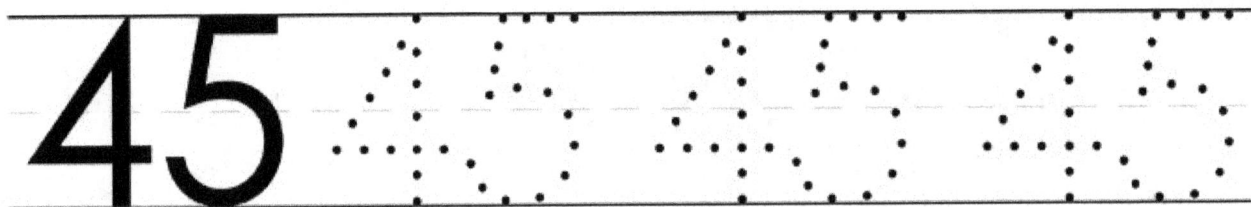

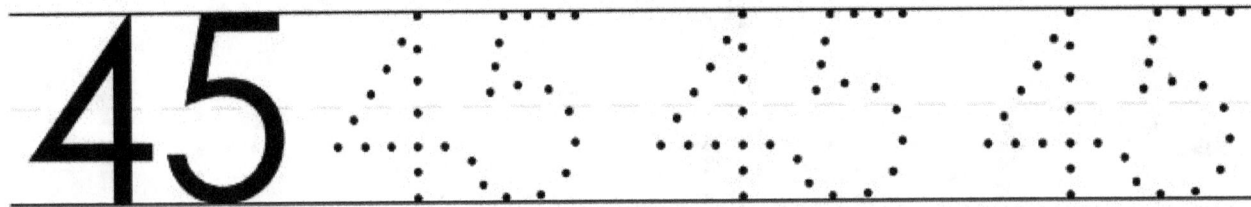

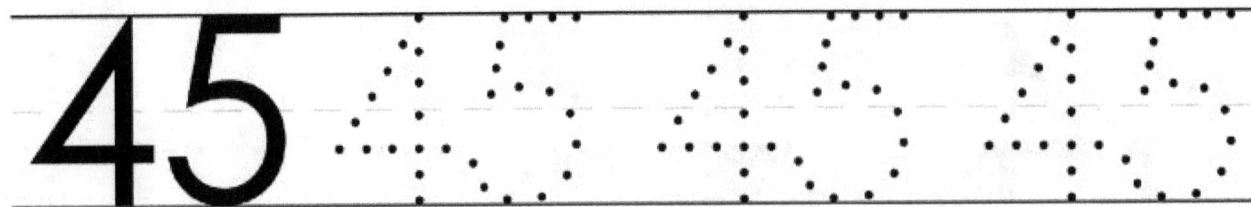

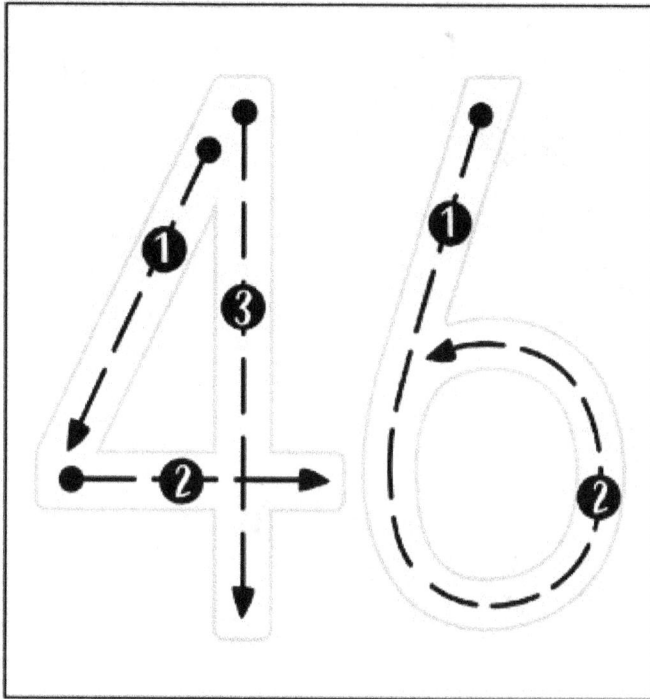
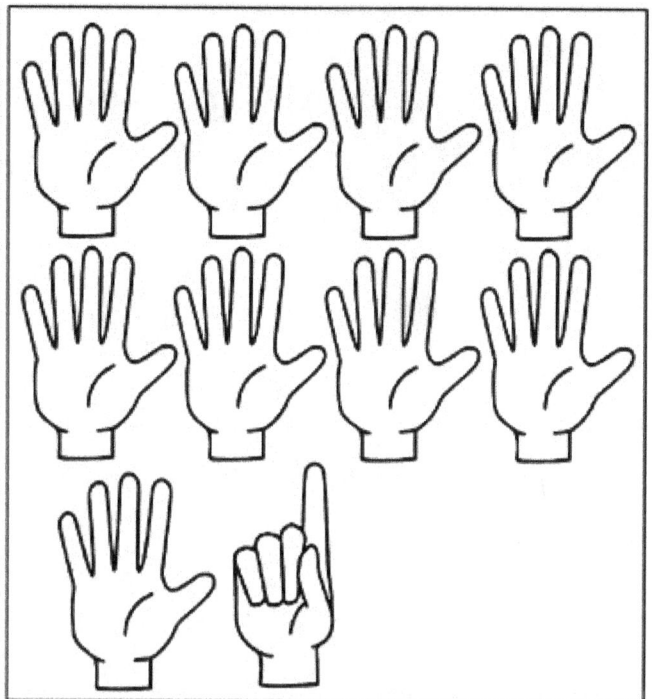

forty- six

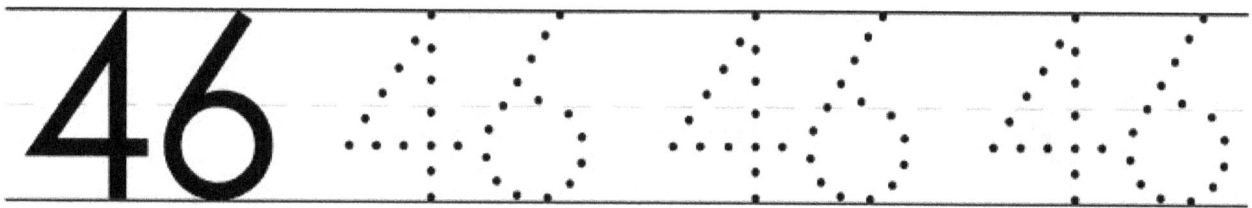

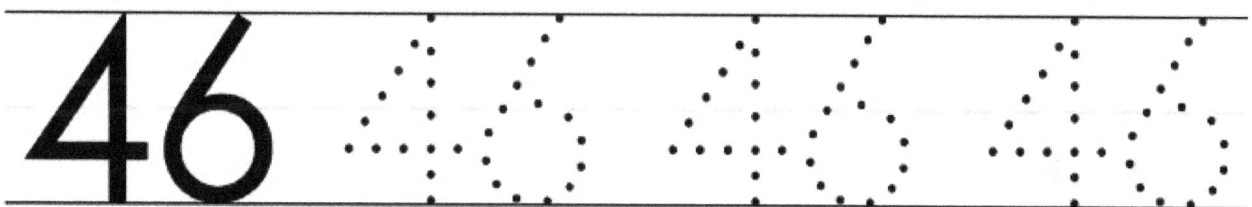

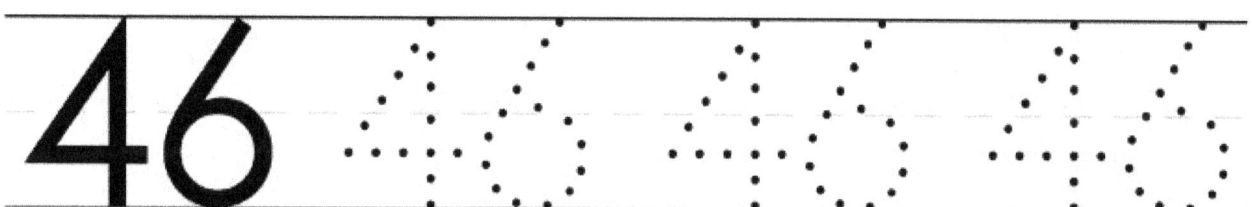

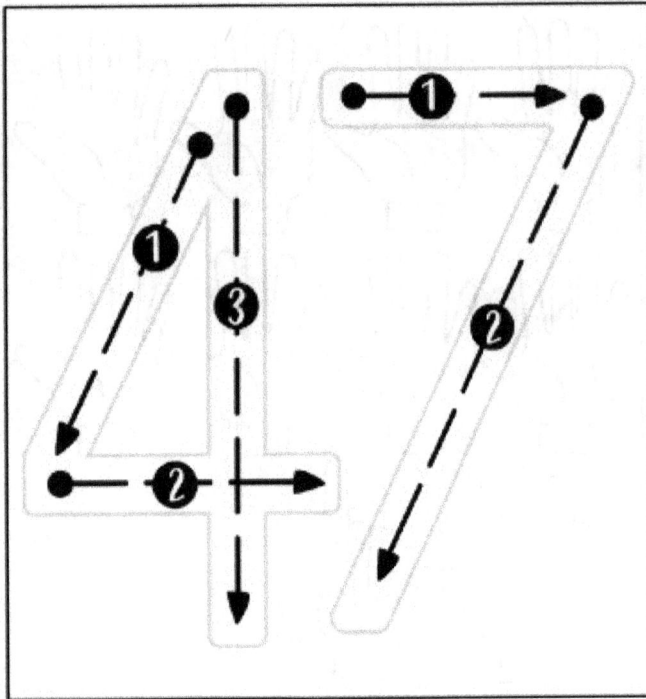
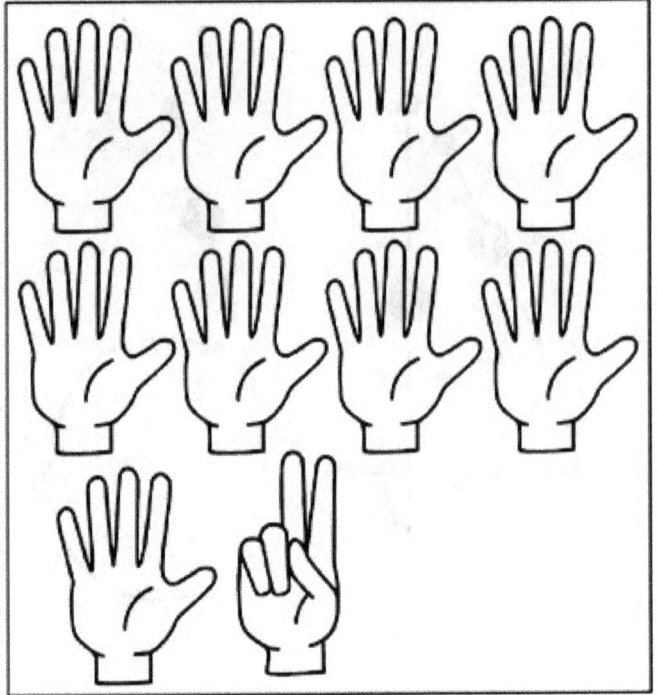

forty- seven

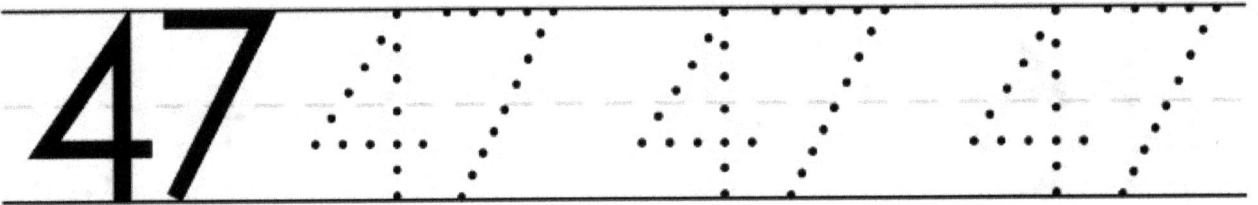
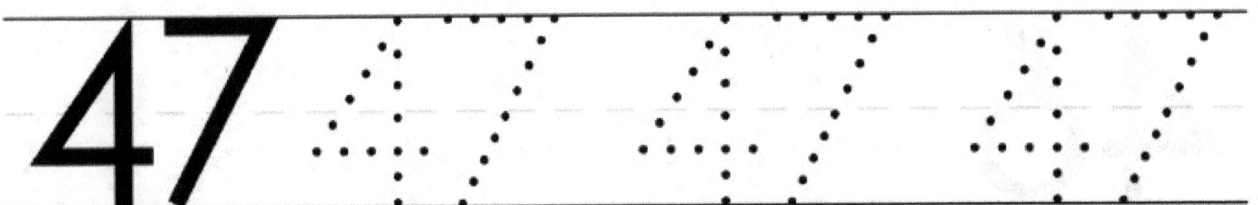
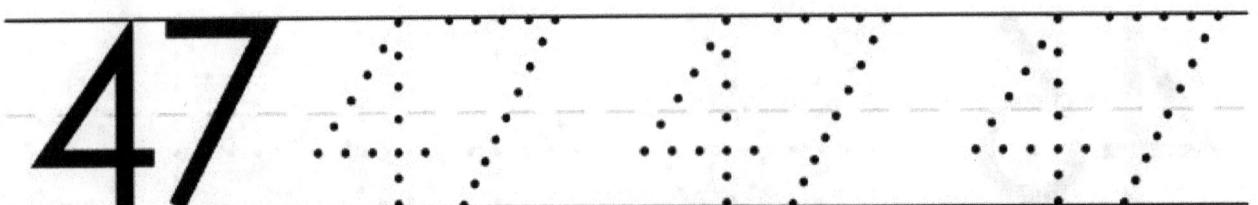

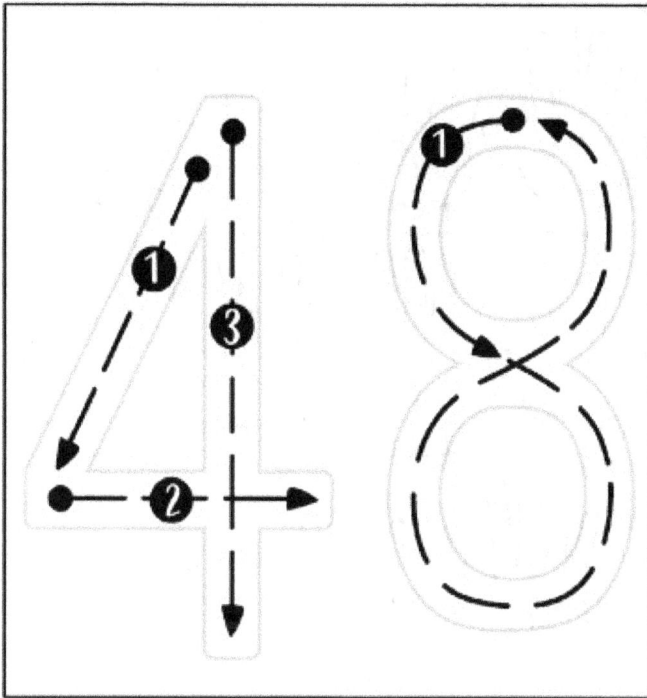
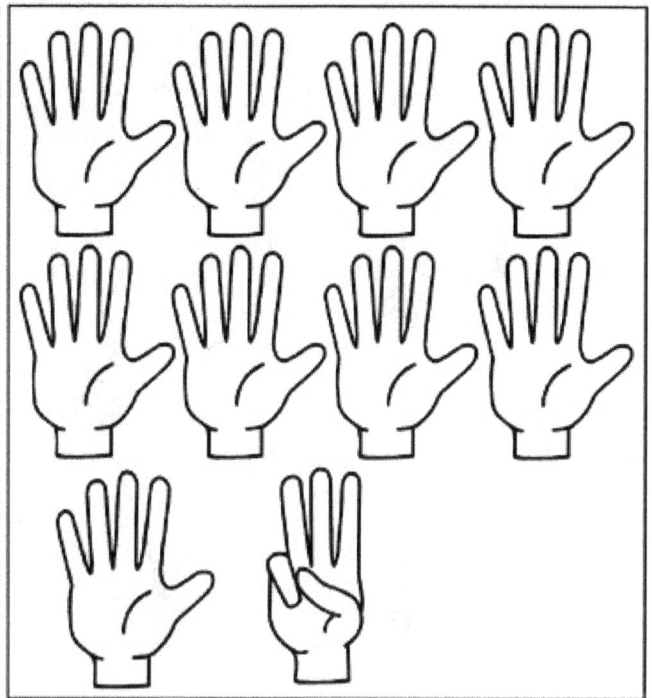

forty- eight

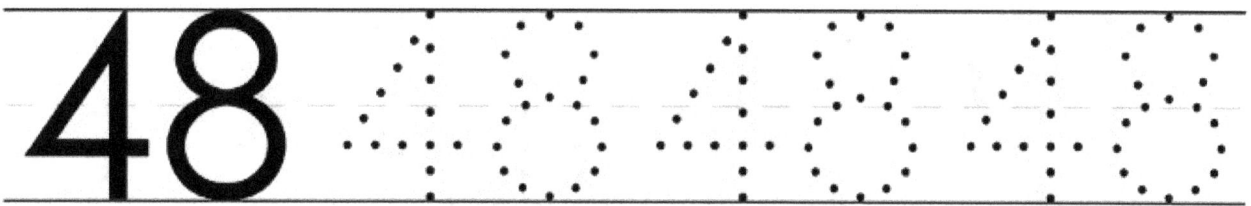

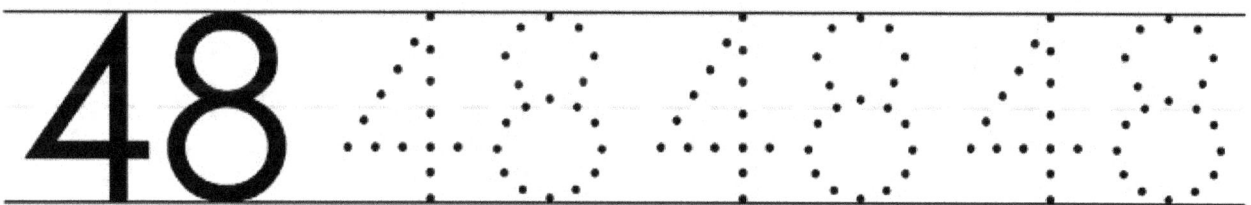

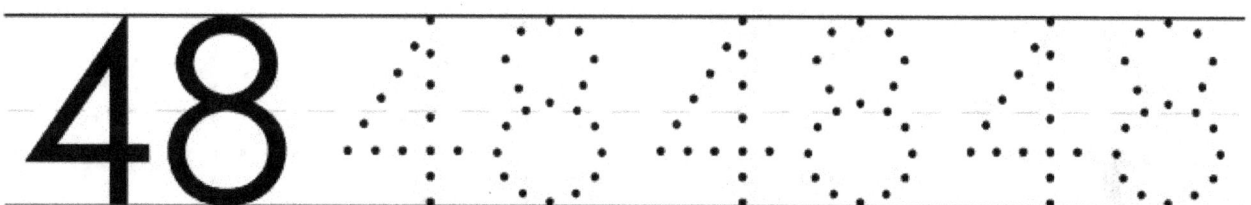

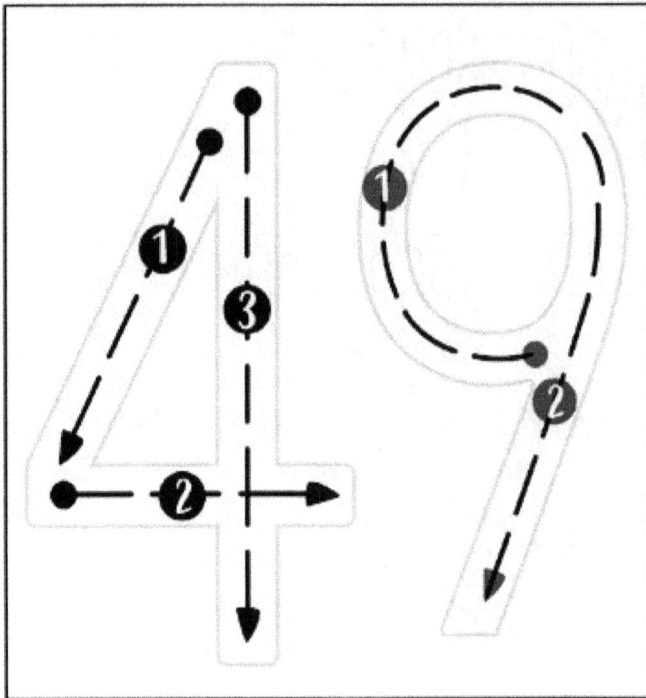
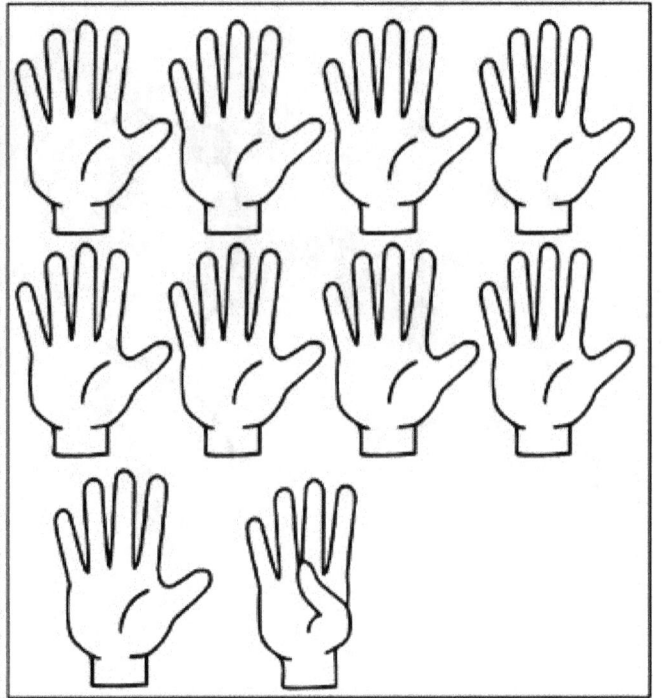

forty- nine

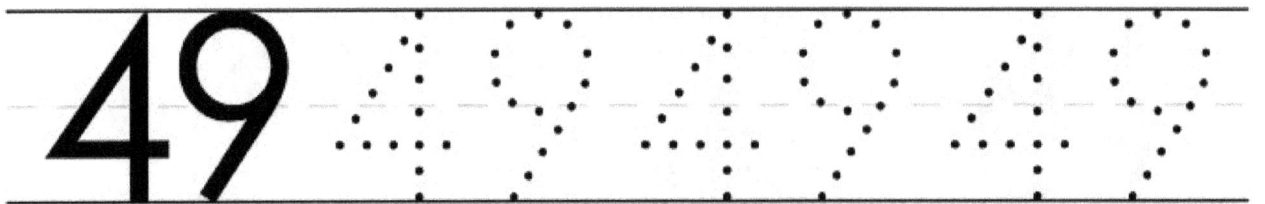
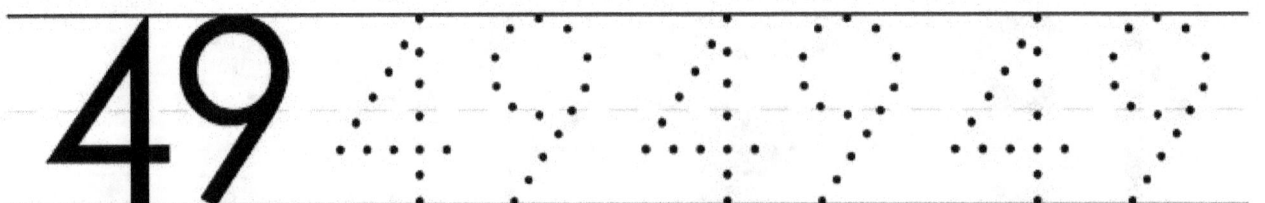
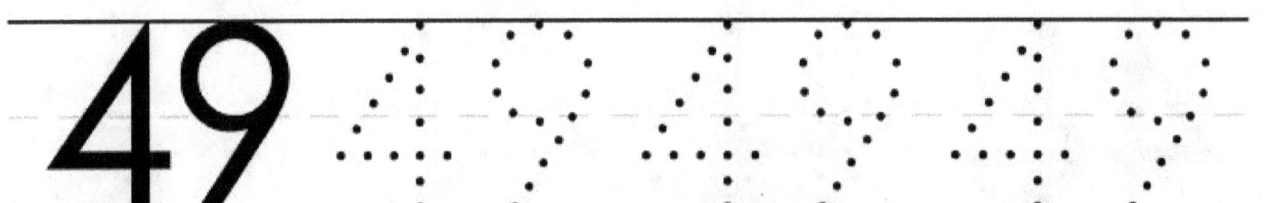

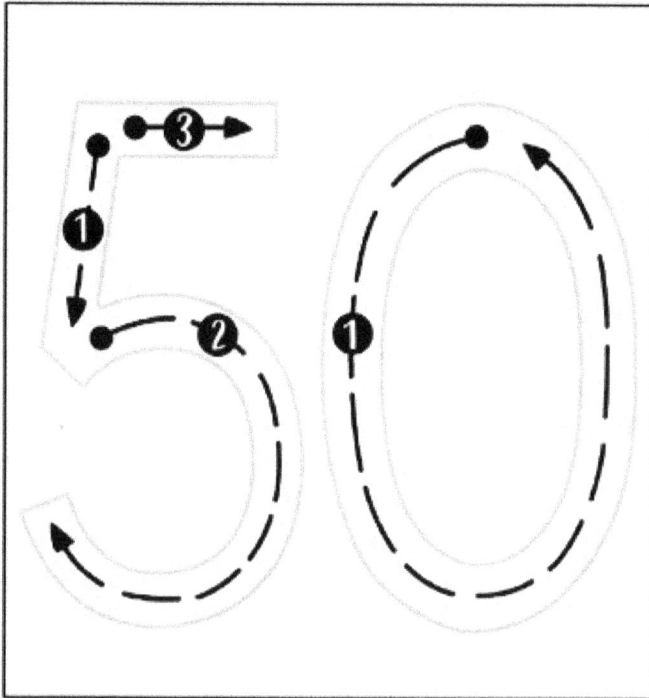

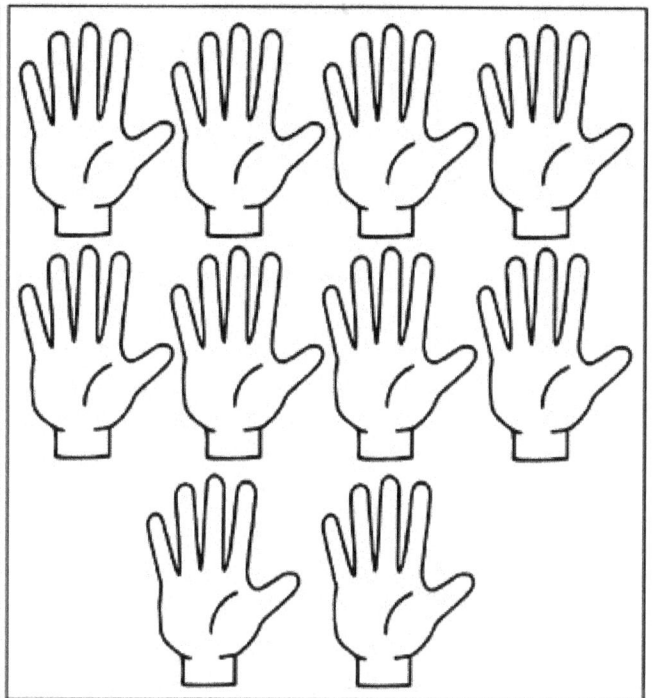

fifty

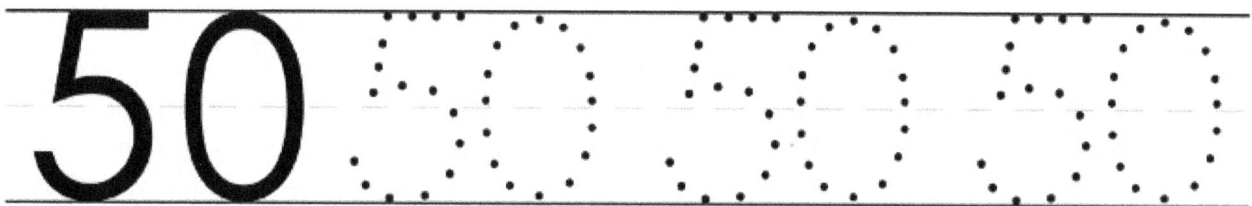

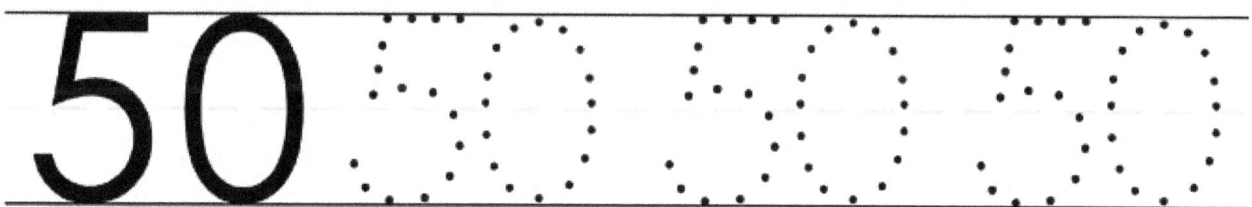

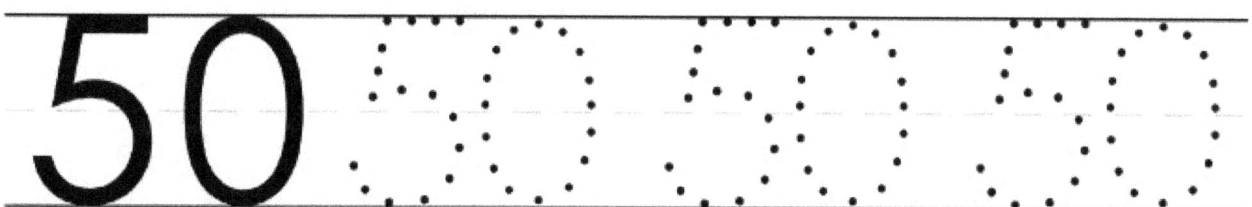

www.ingramcontent.com/pod-product-compliance
Lightning Source LLC
Chambersburg PA
CBHW081649270326
41933CB00018B/3402